[美] 吉恩 · 凯斯 (Jean Case) 著
赵磊 译

能力清单

BE FEARLESS

中信出版集团 | 北京

图书在版编目（CIP）数据

能力清单 /（美）吉恩·凯斯著；赵磊译 . -- 北京：
中信出版社，2020.4
书名原文：Be Fearless
ISBN 978-7-5217-1454-8

Ⅰ. ①能… Ⅱ. ①吉… ②赵… Ⅲ. ①商业管理
Ⅳ. ①F712

中国版本图书馆 CIP 数据核字（2020）第 034451 号

能力清单

著　者：[美] 吉恩·凯斯
译　者：赵 磊
出版发行：中信出版集团股份有限公司
（北京市朝阳区惠新东街甲 4 号富盛大厦 2 座　邮编　100029）
承 印 者：河北鹏润印刷有限公司

开　本：787mm × 1092mm　1/16　　印　张：17.25　　字　数：160 千字
版　次：2020 年 4 月第 1 版　　印　次：2020 年 4 月第 1 次印刷
京权图字：01–2019–4098　　广告经营许可证：京朝工商广字第 8087 号
书　号：ISBN 978-7-5217-1454-8
定　价：59.00 元

推荐语

吉恩·凯斯做了一件在她之前很多人都尝试过但都没能成功的事情：分解那些驱动成功的基本品质和原则。她的书毫不含糊地告诉我们，如何在一个日益拥挤的思想世界中取得突破。这本书通过合理的、令人惊讶的研究和引人入胜的故事，激励我们所有人去冒我们通常不会冒的风险，克服阻碍我们的恐惧，过上有明确目标和最大影响力的充实的生活。

埃里克·施密特，谷歌和 Alphabet 前执行董事长

如果你想改变世界，勇敢无畏会有所帮助。如果你需要勇气，我推荐这本汇集了故事、证据和乐观主义的书。吉恩·凯斯利用研究和个人经验为变革者提供了道义支持和实际指导。

梅琳达·盖茨，慈善家，比尔和梅琳达·盖茨基金会联合主席

如果你觉得自己被困在了工作中，凯斯的原则就是答案！这本书里充满了鼓舞人心的成功故事。

《焦点杂志》

对于那些在当今充满挑战的气候中寻求鼓舞人心的改变路线图的领导人来说，凯斯这本书是必读的。

《福布斯》

这本引人入胜的书着重讲述了普通人最终成就非凡的故事，这些故事令他人甚至我自己都感到惊讶，揭示了成功背后的“秘密武器”。对于任何想要做出改变、创办公司或改变世界的人来说，无畏是一种激励，也是一种工具，可以产生真正的影响。

尼尔·布卢门撒尔，Warby Parker 公司联合创始人兼首席执行官

这本书中的故事将激励你以非传统的方式勇敢无畏，可以指导你面对任何挑战或障碍。现状可能会吓到很多人，但这本书可以为思想领袖、企业家和想要克服一切困难的普通人提供解药。

麦洛迪·霍布森，Ariel 投资公司总裁

通过引人入胜的故事，吉恩·凯斯展示了大胆的决策和无畏的行动如何改变了世界。这本书强调了成功创业最重要的组成部分之一：不舒适。她的路线图非常有用，向初出茅庐的企业家展示了如何独立思考，如何走出舒适区。创业并不容易，但无所畏惧为创业者提供了他们需要的工具，让他们无畏地踏上自己的旅程。

汤丽·柏琦，Tory Burch 设计师兼首席执行官

凯斯的书对那些觉得自己的职业生涯停滞不前的人来说是一剂兴奋剂。

《商业内幕》

当事情变得艰难的时候，勇敢地学习一些企业家和领导者如何突破的例子，鼓舞自己，继续推进自己改变世界的旅程。

布拉德·费尔德，铸造集团的企业家和风险资本家

作为慈善家、投资者、互联网和影响力投资的先驱，凯斯倡导采用更大胆的方式进行创新，实现革命性的突破。

《领导人杂志》

有个声音曾在耳边低语

“属于你的时刻到来了”

每一个听见的人

每一个选择接受召唤的人

以及

所有激励和支持我

完成我的无畏之旅的人

谨以此书向你们致敬

多少次的失败，
多少次的功亏一篑，
如果都加在一起，
你是否还愿意，再试一回？

如果失败也挡不住你，
如果冒险就是你的人生轨迹，
你想象的世界，
是否会变得更美丽？

当我们面对的挑战看似坚不可摧，
我们就需要尝试新事物，实验新思维，
让看似不可能的合作成为现实，
设定的目标也要更加大胆，更加无畏。

要想把世界建设得更加美好，
要想真正有所作为，
我们就要冒更大的风险，
下更大的赌注。
哪怕我们一次又一次地失败，
也要马上站起来，为更大的梦想奋起直追。

要让我们的人生值得回味，
就要用挑战激励自己。
勇于冒险，敢作敢为，
即使失败，也不退缩。
我们无畏。

推荐序

战胜恐惧，做正确的事

珍·古道尔，博士，二等高级英帝国女勋爵士
珍·古道尔研究会创始人
联合国和平信使

我在世界各地旅行时，向人们传递的最重要的信息之一就是，我们每个人都会扮演一定的角色，我们每个人每天都会对环境和社区产生一些影响。而我们可以选择自己想要扮演什么样的角色，产生怎样的影响。

翻开国家地理学会主席吉恩·凯斯的这本书《能力清单》，你会发现这也是她向读者传递的主要信息之一。她呼吁我们每个人都要无所畏惧，或者说，必要时，我们必须要战胜恐惧，去做我们知道的正确的事情。而她的呼吁，也让这一主张引起了更大的共鸣。

我知道这些信息的重要性，因为对无畏的呼唤一直是我全部生命的核心。我很幸运。10 岁的时候，我就知道我想去非洲，想与野生动物一起生活，撰写关于它们的书籍。幸运的是，我有一位支持我的好

妈妈。其他所有人都告诉我，让我想点儿实际的能实现的东西——毕竟，我们没有什么钱，“二战”的战火正在肆虐，非洲似乎很遥远，我还是个女孩。而我的母亲只是告诉我，我必须非常努力地工作，充分利用所有机会，并且永不放弃。我真希望她能活到现在，那样她就可以知道有多少人曾对我说，“谢谢你，珍。你教我懂得一个道理，那就是因为你能行，所以我也能行”。

众所周知，我后来确实到了非洲，并且也把握住了非凡的机遇，与最像我们的动物黑猩猩一起生活，了解它们的习性。这件事以前从来没有人做过。人们常常问我：“你孤身一人跑到森林里，不害怕吗？”当然我有时会害怕。我们本来就应该害怕，因为恐惧会让肾上腺素流经我们的血管，让我们勇气倍增，去做看似不可能的事情。有一次，为了在黑猩猩早晨醒来的时候离它们近一些，我独自一人在星空下睡觉。那天深夜，我听到一只豹子发出诡异的咆哮声。我很害怕，但我告诉自己没关系，然后把毯子蒙在了头上。还有一次，两头公牛从灌木丛中冲出来，我很害怕，结果肾上腺素的激增让我爬上了一棵看似根本爬不上去的树。（从树上爬下来需要更大的勇气，因为我不知道那两头公牛是否仍藏在哪里等着我。幸运的是，它们没有。）最让我害怕的一次是一群黑猩猩不再怕我了，把我当成捕食者，冲我尖叫，晃树枝，做出要攻击我的样子。但我表现得好像对它们没兴趣，在地上挖了一个小洞，假装吃树叶——后来它们就走了。

最后，所有黑猩猩都习惯了我的存在，我得以靠近它们。我很快把它们一个个都认清楚了，给它们起了名字，逐渐了解它们有着非常不同的脾气秉性。我了解到它们的交流手势——亲吻、拥抱、互相拍打、伸手要东西等——几乎与我们一样，而且使用的场合也一样。我看着它们用草茎捕食白蚁。我注意到它们的情绪也与我们的类似（甚至可能完全一样），也有快乐、悲伤、恐惧、愤怒、抑郁和痛苦。

那是我生命中最奇幻的一段时光。

后来，在与黑猩猩相处了一年多之后，我不得不去剑桥大学攻读动物行为学的博士学位，虽然说我之前连本科都没读过。在那里，我也必须无畏，克服一种新的恐惧：想想看，令我敬畏的教授们告诉我哪些地方做错了，我会有怎样的感受。我不应该给黑猩猩取名字——用数字编号应该更科学。我不应该谈论它们的个性、思想或情感——这些都是人类独有的品质。幸运的是，因为我没有上过大学，所以之前没有人告诉我这个。而且，我的童年有一位很棒的启蒙老师——我的狗锈锈。如果你能以一种有意义的方式与任何动物分享你的生活，你就不会不知道，我们不是唯一有思想、有个性，特别是有情感的生物。我母亲总是告诉我，如果我相信自己是对的，就必须拿出勇气，坚持自己的信念。所以是锈锈和我的母亲帮助我克服了恐惧，勇敢地面对那些教授。

今天，大自然母亲需要我们的帮助。黑猩猩让我们懂得很多，但如今却和其他许多奇妙的动植物一起陷入了绝望的困境——它们的森林正在消失，林地、湿地、稀树草原和几乎所有的栖息地，都面临同样的困境。我们正在失去生物多样性。我们正在污染土地、河流和海洋。人类和地球正在受到众多挑战的困扰，非常需要为未来找到可持续的解决方案。

所以，这本书的面世可谓恰逢其时。历史上没有哪一刻比现在更需要强调无畏的重要性，我们要克服安于现状的惰怠，我们每个人都要站出来，采取行动改变我们的世界。

我们必须努力让所有人都行动起来，扭转不利局面，纠正错误。这本书汇集了许多方法和故事，能够激励我们采取行动，赋予我们行动的能力。

我于 1991 年通过珍·古道尔研究会发起了“根与芽”（Roots & Shoots）运动，目的是让全世界的年轻人，从幼儿园的小宝宝到接受高等教育的青年学子，都能参与环境和人道主义活动。通过他们的工作，我的主张也在每时每刻创造着价值。今天，有超过 10 万个“根与芽”团体活跃在 70 个国家或地区，其成员都是致力于在人类、动物和环境领域推动改善与进步的年轻人。“根与芽”最重要的主张是，每个人每一天都要有所作为。在某些情况下，这意味着克服恐惧。我们不能畏于坚持我们的信仰，不能畏于做出正确的选择。当数以百万计的人做出合乎社会规范的选择时，汇聚而成的滚滚洪流一定能推动我们走向一个更加美好的世界。

所以现在，当你在读吉恩·凯斯的新书《能力清单》时，如果你还没有参与这些活动，我希望你能响应号召，行动起来，相信自己也可以改变这个世界。在这本书里，吉恩讲了很多故事，告诉我们如何将无畏的原则付诸实践，证明每个人都能有所作为。它不一定要惊天动地。试着当一回志愿者，帮助那些在你认为重要的地区辛勤耕耘的组织，例如清理垃圾，探访被家人遗弃的老人，或者去动物收容所打工，照料无家可归的猫猫狗狗。积极参与宣传活动，保护因开发而恶化的环境，避免环境的崩溃。尝试更多地了解你周围或更广阔世界的变化。迟早有一天，你会发现能够真正激发你的激情，让你伤心、愤慨、愤怒的问题。然后，撸起袖子，采取行动，学会无畏！

前 言

创造者的故事

这本书是向那些寻求活出精彩人生的人发出的行动呼吁。也许，那些人里就有你。

如果你认为只有某个旷世奇才，某个享有特权的宠儿，或者某个财大气粗的组织，才可以推出一款突破性的产品或者唤起一场改变世界的运动，我会在这本书中向你介绍来自各个行业、各个阶层的无畏者，看看他们如何让不可能变为可能，把无法想象的奢望变成现实。你可能会被他们的成就所迷惑，并且很容易认为他们拥有普通奋斗者难以企及的非凡的能力或优势。但我要告诉你的是，他们只有一个共同点，那就是他们都热切地期望让世界变得更加美好。尽管存在令人生畏的障碍，尽管屡战屡败，尽管面临巨大的反对声浪，但是他们仍然会抓紧机会，坚持下去，并最终取得成功。今天，就让我们读一读这些最具代表性的创造者的故事，想一想如果没有他们的贡献，世界会是什么样子。你会发现，他们的许多故事都提供了灵感和有用的线索，证明我们每个人都能在生活的各个方面产生更大的影响，成为鼓励他人无所畏惧的榜样和灯塔。

今天，我们的生活里每天都在直播各种各样的全球挑战——贫困、内乱、政治僵局、经济分裂以及气候变化。如果因为这些问题现在看起来太大、太复杂而宁愿置之不理——这么做更容易——也不愿意试着解决它们，那么要拖到什么时候才来解决呢？技术创新的爆炸正在改变我们的生活方式。要跟上快速变化的步伐，我们就需要重新思考原来的做事方式。

1997 年，我的丈夫史蒂夫和我带着一个无畏的使命，发起成立了凯斯基金会：投资于能够改变世界的人和创意。这意味着我们要坚持不懈地调查和试验，以求找到最好的创意、最好的领导者和最好的创新模式。几年前，我们聘请了一支专家团队来找出推动那些不事张扬的领导者、组织和运动取得成功的“武林秘籍”，结果发现实现转型突破需要始终遵循五大原则。具体来说，为了引发这样的变革，你必须：

1. 敢于豪赌。谨言慎行、凡事自带三分小心的人和组织实在太多了。他们会研究过去似乎有用的旧套路，然后尝试在老路上再努力一把。所以，他们只会取得渐进的进步。而每一次真正的创造历史的转型，都是在人们决定进行革命性变革以后才发生的。

2. 远离舒适区。要有勇气尝试新鲜的、未经证实的事物，还要一丝不苟地持续试验。冒险并非盲目的大跃进，而是一个漫长的试错过程。它并不会在产品上市或运动发起后就结束。你需要愿意承担下一个大创意的风险，哪怕这意味着要打破你自己的现状。

3. 重视失败。成大事者都将失败视为向成功迈进的必不可少的一个阶段。没有人会主动求败，但如果你正在尝试的是新事物，那么结果显然是不确定的。如果失败了，伟大的创新者会正视挫折，把学到的经验教训用起来并与他人分享。

4. 开门造车。我们的社会沉迷于孤独天才的神话无法自拔，但创新都源于交流。最具原创性的解决方案往往来自与具有不同经验的人交流，建立新的和意想不到的伙伴关系。

5. 让紧迫感战胜恐惧。不要瞻前顾后，不要把利弊得失算得太清楚。想对一个问题进行全方位的研究是很自然的，但要被诸如“如果我们错了怎么办？”或者“如果有更好的方法怎么办？”之类的问题给纠缠住了，你就可能会因为恐惧而无所作为。要让需要采取行动的紧迫感战胜所有的疑虑和挫折。

这五大原则最终可以用两个字来概括：无畏。它们共同构成了来自各行各业的人实现高效变革的路线图。但要注意一点，它们不是“规则”。这一点很重要。它们并不一定相互协同，或者依次发生作用，彼此之间也不存在谁比谁更重要的关系。要将它们视为一组标志，帮助确定在什么时候无畏地做出抉择。

我们在做事时，会和同事、朋友分享这些原则，会去听商界、政界、非营利性机构和慈善领域的人士想要如何将这些原则融入他们的工作。

每当我谈到无畏时，这些原则的高度切实性都会令听众兴奋不已。就像有人对我说的那样，“这些都是我能做到的事”。人们经常会在活动结束后找到我，告诉我他们自己的无畏故事，这些故事激发了我的想象力，更让我充满了敬畏：14 岁的女孩创办了一个非营利性组织，对处方药和毒品进行区别处理；一名男子开了家面包店，雇用刚从监狱出来的“找不到工作的”男男女女；古巴移民创造了一个负担得起的辅助生活方式；利比里亚活动家设计了一项计划，帮助偏远地区的群众享受医疗服务；年轻的农民发明了一种免耕工艺，可以拯救地球上最珍贵的一种资源；来自美国华盛顿特区的名厨想办法为陷入困境的飓风灾民提供数百万顿餐食。

这些人都有鸿鹄之志，但他们中大多数人的千里之行，依然始于足下，一点点从熟悉的事做起。品味他们的故事，就像在品味一件件细小的事。他们打电话；他们敲门；他们用大写字母写下自己的愿景；他们不停地讲，不停地走；他们逐渐有了一批支持者；他们不达目的誓不罢休；他们做了任何人都可以做的事。

无论你是在初创公司工作，发现自己正处于人生的十字路口，还是已经成为成熟组织的一员，正在寻找灵感，期冀实现改变一生的变革，无畏的原则都可以为你提供指导，帮助你走好下一步。而迈出这一步的时刻，就是现在。

那些挑战自我同时也让身边其他人深受鼓舞的人时时会用这样一个问题启发我、激励我：“如果你不害怕，你会怎么做？”这本书中提到的故事的主人公，有创新者、活动家、艺术家、企业家、科学家、探险家，以及许许多多来自不同组织和企业的个人，他们用行动对这个问题做出了比言语更加响亮的回答。他们中的一些人家喻户晓，但也有些人你可能从未听说过。当你读到他们的故事时，我希望你能想象自己也和他们站在一起，成为他们中的一员。

我的故事

没有资源也能赤手空拳打天下

我自己的无畏成长之旅是用一种最普通、最平常的方式开始的。我在伊利诺伊州一个名叫“诺莫”（Normal）[①]的小镇长大。这个小镇的地理位置不偏不倚，正好位于美国心脏地带的中心。在20世纪60年代，诺莫是伊利诺伊州立大学、州立农业保险公司（State Farm Insurance）的所在地，还有全州第一家Steak’n Shake餐厅，其口号是“看得见的美食，品得到的美味”，对自家开放式操作的特点大加颂扬。食客们可以看到美味汉堡的整个制作过程。

像中西部的许多城镇一样，诺莫的居民里既有蓝领工人和小企业主，也有教育工作者和企业高管，还有许多辛苦打拼的月光族。我家住的那条街上，邻居里就有伊利诺伊州立大学的教授，全镇艾德熊（A&W）汽车餐厅加盟店的老板，在工厂上班的工人，以及像我父亲一样的长途卡车司机。

诺莫是那种大家都认识彼此的小地方。我家后院是一块玉米地，

① “Normal”一词在英文中有“平常”一意。——编者注

我会跑过窄窄的田埂和一行行玉米秸，去周围的田野和溪流探险。那时的我一头短发，整天穿着运动衫，经常被误认为是一个男孩子。如果觉得闲逛没意思，我就会和邻居家的男孩们，临时组队玩会儿球。轮到我打四分卫的时候，我的哥哥们会冲在一线，挡住任何试图封杀我的人。（但他们后来也告诉我，“如果你想让某个男孩喜欢你，就应该在和他一对一打篮球的时候让他赢你”。）

妈妈和爸爸把家从芝加哥搬到诺莫，认为这个社区规模比较小，应该是一个抚养孩子的好地方。童年的时光确实很美好，但随着我们的成长，妈妈越来越担心小镇提供的机会有限。她对我们这些子女都寄予厚望，担心如果我们留下来，就会被困在这里，永无出头之日。

就在妈妈开始为我们的未来忧心忡忡的同时，我遭遇了人生中第一次重大变故：我的父母离婚了。妈妈一下子成为要养活 4 个孩子的单身母亲，晚上要去当女服务员来维持生计。那段日子过得很艰难，但幸运的是，我的外婆和外公过来帮了很大忙。

我的外婆和外公在“大萧条”前夕从德国来到美国。他们不会说英语，但仍努力寻找他们能做的任何工作。对于我的外公来说，这意味着他要在没有电梯的公寓里把钢琴搬到几层楼上。我的外婆则在浴缸里酿制啤酒卖给附近的其他德国移民。（当时还是美国的“禁酒令”时期。）随着英语水平的提高，他们的工作前景也有所改善。来到美国后的第一个 10 年，他们已经成为小企业主，从芝加哥的窗帘清洁业务起家，最终在诺莫的姊妹城市布卢明顿（Bloomington）落脚，在那里他们买下并开始经营一家靠近主街（Main Street）的酒店。

正是在那家酒店，我第一次尝到了做生意的滋味。妈妈在晚上做服务员，她白天没事儿，所以经常带着我们组团杀向酒店，力所能及地干点什么，帮帮忙。我的哥哥们负责把煤铲进炉子里，我和姐姐负责跑腿或者做家务。当我坐在大大的接待柜台后面假装招呼客人时，我觉得自己是最幸运的孩子。柜台旁有一个大玻璃柜，里面装着糖果和一些必需品，我的外婆注意到，假如我站在柜台后面，客人更愿意买点里面的东西。她感觉每个人都在试图对“孩子”好一点，所以她鼓励我向客人问好，或者她在前台值班的时候在她身边闲逛。

我的外祖父母无畏的美国之旅和他们不知疲倦的工作态度让我在小小年纪便懂得一个道理，哪怕没有太多资源、人脉或者技能（包括语言），一个人也能赤手空拳打天下，拥有精彩的人生。他们不但为我们提供了许多经济资助和人生教益，而且还是我们镇上的市民领袖，并因其诸多贡献而受到广泛尊重。

但是妈妈还是越来越笃定，要想过更好的生活，我们必须告别诺莫那种安安稳稳、一成不变的平凡生活。所以，尽管几乎没有任何资源，尽管有 4 个孩子需要照顾，妈妈还是下定决心，大步迈进伟大的未知世界。我还记得那一天她宣布我们要搬到千里之外的劳德代尔堡（Fort Lauderdale）时的情景。当时我 11 岁，听着妈妈说我们会如何爱上那个地方，心里不禁嘀咕，毕竟我们在那边一个人都不认识啊。但妈妈有一种极具感染力的乐观主义，她让我们的行动感觉像是一场盛大的冒险。最终，结果证明还真是一场冒险。

我离开诺莫时已经上学，当时在一所公立学校就读。搬到佛罗里达州之后，我们找了一个日子驱车前往庞帕诺比奇（Pompano Beach）中学，办理我的入学登记手续。到了学校，糊在窗户上的胶合板，墙上的涂鸦，以及在走廊巡逻的警察，让我目瞪口呆。佛罗里达的州所得税征缴不足，导致学校都特别缺钱。妈妈和我沿着走廊没走几步，我就感到胳膊被拽住了。“我们走吧，”她说，拉着我回头朝门口走去，“你应该上一所更好的学校。”

在那之后，妈妈又哭了一鼻子。我们拜访了当地一所天主教学校，但感到不那么受欢迎，也许因为妈妈是带着 4 个孩子的离异母亲。在拜访过片区内的其他私立学校之后，我们得到消息，由于我在伊利诺伊州接受了很好的教育，我的测试成绩超过了我对应的年级水平，因此获得了由当地长老会教会开办的新学校的奖学金。这所学校刚办起来，没有什么需要维护的传统，所以它可以冒险接收我这样的孩子。要不是其他人慷慨相助，我都不敢想能在那所学校就读，并接受本来光靠我妈妈永远也负担不起的更高水平的教育。

我在新学校开阔了眼界，得到了熏陶。我还记得我六年级的老师、21 岁的妮尔小姐，她编了各种理由在课后陪我东跑西颠，我后来才意识到她是在通过这种办法，照顾一个刚刚来到城里、脖子上挂着钥匙串的孩子。直到今天，她仍然是我非常亲密的朋友。

在我们搬去劳德代尔堡的最初几年，我夏天都会回伊利诺伊州去找我的外公和外婆。每过一年，和他们的感情就深一层。外婆去世时，我和家里的其他人一样痛苦极了。不过我外公后来决定在离我家只隔几户的地方买套房，搬来和我们相聚，这让我们略感释怀。在我 16 岁生日那天，我选择自己一个人搬去外公家和他同住，这段经历让我体会到了一种全新的教育模式。每天上学前我们一起喝咖啡，放学后聊聊我这一天过得如何。我们常常沿着街道漫步到一条运河边，在那里我们一起钓鱼。我很珍惜和外公在一起的时光，而他也向我灌输了一种自律，直到今天我仍感激不已。例如，如果我早上 7 点还没有起床，他就会使劲敲我的卧室门，甚至连周末也不放过，暑假偶尔也要来几次。他会用深沉的德国口音在门外冲我大喊："现在已经 7 点了！你要睡一整天吗？"我经常想，他真正想表达的意思其实是："这是新的一天，还有很多工作要做，不要浪费。"感谢他，我一辈子都在努力践行这种精神。

我曾梦想成为一名律师，高中时我幸运地在小 E. 克雷 · 肖（E. Clay Shaw Jr.）法官那里寻到一个实习的机会。不久后他就当选市长，之后又成为国会议员。我在他那里的大部分工作都是行政事务，比如文件归档、打字等。但在肖法官办公室度过的那些下午，让我第一次体会到了什么是真正的职业环境：人们穿着西装，言谈举止都是我以前从未接触过的。每个星期结束时，肖法官都会把我叫进他的办公室，让我在壁炉前的两把椅子中挑一把坐下（壁炉在佛罗里达州南部很罕见），然后问我：在做什么？那一周学到了什么？成绩怎么样？有没有遵纪守法、诚实做人？他像师傅一样辅导我。每个星期五，走出他的办公室时，我都发誓永远不会让他失望。

大学期间，我自愿参加肖的国会竞选活动。在他于 1980 年当选国会议员后，我加入了他的团队，担任幕僚助理，并在晚上苦修大学课程。由于这份经历，我得以搬去华盛顿并找到一份工作，在里根政府中出任年轻的政务官。我的大哥陪我一起完成了这次千里之行，而且一到华盛顿特区就把他的西尔斯（Sears）信用卡借给我，让我小小挥霍了一把，买了个熨斗和熨衣板。直到今天，我几乎每天上午都会和他打个电话。妈妈不只是养育了一个家庭，我们更像是一群死党，永远相互照顾，彼此连心。

我的职业生涯似乎走上了光明大道，没过多久，我就找机会进入了商界。那时互联网刚刚萌芽，聘请我的初创公司是全美第一家纯粹的网络服务商。我感到兴奋的是，我的工作是努力在全民中普及思想、信息、通信交流的访问和获取，惠及大众，也就是说，赋权于民。我小的时候，妈妈通过每月分期付款，用了差不多两年的时间才让我能在家里摆上一套百科全书。而现在，只需按一下按钮，就可以获取这海量文献中的所有知识。一想到我在私营部门的工作可以比在公共部门做出更大贡献来造福他人，我总是按捺不住自己激动的心情。

不久，我又在通用电气公司觅得一份类似的工作。之后，在年近而立之时，我加入了另一家年轻的初创公司，也就是后来鼎鼎大名的美国在线（AOL）。我在美国在线工作了将近十年时间，跟随它一路引领了互联网革命。我们为这家服务公司取的名字体现了我们的理想：让美国在线！鼎盛时期，美国在线占据了全美互联网流量的50%。这次经历回报丰厚。我感到非常幸运，能够亲身参与美国历史上一个伟大的创新时代。

在美国在线工作的那几年，我又担负起另一个重要而宝贵的角色——我成了一名母亲。我的两个女儿永远改变了我看待世界的方式。后来，我带着两个女儿，我的新丈夫带着三个孩子，共同组成了一个更大的新家庭，真是好福气！我很快意识到，既要在职场上打拼，又要抚养孩子，这样的妈妈也必须要有自己的无畏精神才行。不过那时我还不知道，我会从他们身上学到多少东西，他们又将成为我人生中多么大的灵感来源。

经过这么多年的职场历练和能力积累，我发现向他人赋能授权一直是自己关注的焦点所在。没错，我的成就已经远超自己的期许，但我仍然不愿止步，想要产生更大的影响。于是在1997年，我离开了美国在线，史蒂夫和我共同创立了凯斯基金会。我担任首席执行官。我们承诺放弃我们的大部分财富以造福他人。对我而言，这既是归零，又是新的开始。作为慈善事业曾经的受益人，作为通过别人的善举才得以获得大量机会的人，现在我终于可以向别人伸出援手了。

对我来说，凯斯基金会不只是分享财富。家族基金会往往是人生成功之后发挥余热的最后一站，是将金钱投入到有价值的事业中的一种方式。但我们对凯斯基金会的愿景是，它是一个充满活力的变革实验室。这是我生命中最雄心勃勃的追求，我可以看到我之前所做的一切如何帮助我做好准备，迎接新的挑战。

我知道，成为凯斯基金会的首席执行官，是我开启生命中最具挑战性的事业的第一步——这项事业需要我树立一种无所畏惧的心态，而这也正是我多年来一直试图做的事情。在国家地理学会董事会、理事会和委员会工作了十多年后，我有幸被任命为整个学会最高管理委员会的第一位女性主席。我一直很喜欢这个组织，130年来，它坚持不懈地通过科学、探索和精彩故事的力量改变着人们的生活。国家地理的无畏男女们勇敢大胆地奔赴未知的前线，经常冒着巨大的风险，与我们分享他们的知识和经历。而且也只有国家地理学会，能够为一些人冒险进入未知领域提供所需的资源和平台，让梦想成真。作为这个卓越组织的一分子，我觉得我个人的“无畏商”也在持续上升。我很高兴能以探险大师珍·古道尔的座右铭与你共勉：“每个人每一天都要有所作为。”事实上，如果你仔细观察美国国家地理学会，你会看到无畏的五项原则每天都在整个组织中和世界各地发挥作用。

无论是凯斯基金会、国家地理学会，还是任何其他让我魂牵梦萦的倡议和事业，都让我不断地想起我第一个同时也是最持久的无畏榜样。妈妈去世已近 10 年，但她宽厚的性格和强烈的决心仍然激励着我。她教会我敢于冒险，创造可能，善待他人。妈妈并没有使用像“慈善事业”这样崇高的词语，但她影响了她接触过的每一个人。在这本书中，我谈到了“敢于豪赌”。我意识到我就是妈妈豪赌的目标；她毕生致力于帮助我寻找人生目标，走上成功之路。因为她，我明白，我们所有人都能成就一番伟业，但有时我们首先要告别家乡诺莫，告别平凡生活。

目录

清单 2

远离舒适区

053

清单 3

重视失败

095

清单 4
开门造车
131

清单 5
让紧迫感战胜恐惧
173

1

清单 1

敢于豪赌

从现在做起，评估你拥有什么

大胆无畏，孤注一掷

破除成见，挖掘潜力和可能

先知先觉，成为观察者

为重要的事情挤出时间

01

从现在做起，评估你拥有什么

2005 年的一个下午，我坐在芭芭拉·范·达伦（Barbara Van Dahlen）博士心理诊所的候诊室里。时间在一分一秒地流逝，我也越来越坐立不安。芭芭拉约我见面，但我来早了。她是我的朋友，也是一位婚姻家庭咨询师。她心地善良，声誉卓著。我在前几天的一个活动中遇见她，当时她问我是否愿意见面聊一聊，这勾起了我的好奇心。“我有一个想法，”她说，“很想征求你的意见，想知道你会怎么想。”所以我来了，坐在候诊室里，心里琢磨着她到底想讨论什么。

不久，门开了，芭芭拉热情地欢迎我去她的办公室。“我有一个问题，”她开门见山，直奔主题，“干我这一行的很多人也遇到了同样的问题。”每周，她都会接到很多来自军人的电话，请她为自己和家庭提供心理咨询服务。阿富汗和伊拉克的反恐战争打得焦头烂额，已有近 20 万现役军人响应征召亲赴战场，其中许多人都参加了多次轮战。芭芭拉向我描述了战区让人身心备受煎熬的现实生活。士兵们带着这样那样的心理创伤回家，创伤后应激障碍（PTSD）频发。而多次轮战的压力也使许多军人家庭付出了实实在在的代价。不幸的是，她告诉我，这个问题涉及的方面实在太多，退伍军人事务部感到不知所措，无从下手。它根本无法满足精神健康服务的需求，有太多的士兵及其家人得不到他们所需要的资源。

芭芭拉告诉我，她亲自为几个家庭提供无偿服务，就算是做公益，并说服其他同事也这样做。每周只提供一个小时的免费治疗对任何医生来说都算不上什么难事儿，而且在她的游说下，大多数医生也都很乐意尽自己一点绵薄之力，帮助从前线回来的人。

“我是这么想的，”芭芭拉说，“我想建立一个由医生和其他护理人员组成的全国性网络，他们愿意每周义务服务一个小时，如果我们能够征集到足够多的人手致力于此，就可以帮助弥补军人家庭精神健康服务上的缺口。”

我坐在那里，仔细掂量着她的提议。然后，我甩给她一大堆问题，如何建立这个全国性网络，需要什么样的支持，耗费多少时间是可行的，等等。最后，我问了一个最担心的问题：她，一位单纯的心理治疗师，没有任何组织建设经验，凭什么就认为自己能搞定这个难题？

“因为这是当务之急，很多家庭正在遭受痛苦，而我想找到解决方案都快想疯了。”她毫不犹豫地回答道。

芭芭拉“赌”的，是她能够创建一个足够大的网络来提供帮助，不但有医生和护理人员，还要包括军队、政界和私营部门的领导者，而她提出的构想——“奉献一小时”，会吸引想要有所作为但时间有限的人。我对芭芭拉的愿景充满信心，离开她的办公室时，我感到非常兴奋，因为在她把这个想法推进落实的过程中，我也尽了一份力。不久，“奉献一小时”组织诞生了。[1]

从我走进芭芭拉的办公室算起，已经过去了好几年。在这几年里，全美成千上万名医护人员响应了她的号召。她建立了庞大的执业护理人员网络，总共捐献了近 25 万小时，相当于几乎 2 500 万美元的心理咨询服务——全都是免费的。2012 年，《时代周刊》将芭芭拉评选为“全球百名最具影响力人物”之一，她的组织也获得了全美最大的慈善评估机构“慈善指南”（Charity Navigator）的四星最高评级，超出行业标准。

然而芭芭拉并没有就此止步。现在，她已经成为公认的心理健康领域的领导者，带头努力减少对创伤后应激障碍等心理疾病的歧视，邀请当红艺人帮助她传播健康知识，构建更广泛的社会运动。美国公共电视网（PBS）在 2017 年晚些时候播放过一部纪录片，专门讲述了她的事迹。

芭芭拉的故事有力地证明了一点：即使是一个人，也能通过实干改变世界。她没有组织建设的背景，没有雇人打下手，更没有她深知自己必须要有的资金和人脉，然而她还是赌了一把，一步一个脚印地实现她的愿景。“从现在做起。”她呼吁每位心理咨询师每周奉献一个小时，借此向别人证明大家都可以做到。虽然她只要求最低限度的奉献，但她的计划却以扎实和稳健赢得了热烈的响应，更得到了世人的肯定和赞誉。

不过，“从现在做起”说说容易，真做起来并不轻松，结果就是很少有人真正“从现在做起”。在大多数情况下，豪赌只有取得了成功，得到了证明，其成果传遍世界，公众才知道有这么一回事儿。而回首溯源，我们常常会惊讶于豪赌缘起之简单。对于我们当中想要有所作为但因缺乏经验或资源而感到挫败的人来说，这应该是一条令人鼓舞的启示。

这个道理同样也适用于创新和发明。在美国，我们往往把创新者想象成某个孤独的家伙在车库里敲敲打打，然后不知道什么时候，突然就成功了。虽然这可能会是一个精彩的故事素材，但其实真正的突破很少是以这种方式实现的。历史反复证明，实现突破的人往往都要历经坎坷和挫折，然后他们才能到达某种境界，意识到"一定有更好的方法"。于是他们马上着手开辟新路。举例来说，像洗碗机、家庭安防设备和挡风玻璃、雨刮器这一类"新奇"创意，没有一个出自宅在车库里的老爷们儿。事实上，它们都是女性的发明杰作。

一百多年前，一位非常成功的女企业家为了解决问题创办了一家企业，也为我们树立了一个起而行之的鲜活榜样。她就是 C. J. 沃克（C. J. Walker）夫人。[2] 身为奴隶的女儿，沃克夫人凭借非凡的勇气和十足的动力放飞创业之梦，在极度艰难的生活环境中干出了一番事业。她的拼搏故事如此精彩，以至于 2018 年勒布朗·詹姆斯（LeBron James）的制片公司宣布，要创作一部关于她的系列短剧，由奥斯卡奖得主奥克塔维亚·斯宾塞（Octavia Spencer）主演。

今天的我们只能想象沃克早年经历了怎样的艰难困苦。1867 年她出生于路易斯安那州的一个种植园，父母和所有兄弟姐妹都是那里的奴隶。彼时，美国内战刚刚结束，这个名叫莎拉·布雷德洛夫

（Sarah Breedlove）的女孩虽然获得了自由，但她的童年仍然充满悲剧和挣扎。7 岁时，她失去了父母，被送去密西西比州与她的姐姐和姐夫一起生活。长到 10 岁，她就要出去做帮佣，给姐姐、姐夫赚钱。14 岁，不堪虐待的她通过嫁人逃离了那个家。17 岁当妈，20 岁丧偶。莎拉靠洗衣为生，每周只能挣到 1.5 美元，并且没有任何迹象表明她的生活未来会发生戏剧性的变化。她所处的时代并不像今天这样，创业梦想常常成真。对于一个没有任何资源的贫困妇女来说，机会似乎遥不可及。但正如她后来说的那样，“我踏上成功之路，全赖我自寻出路”。

像许多“豪赌”一样，莎拉的成功源自她试图解决一个个人问题——她的头发一直在掉，但在市场上却找不到什么产品来缓解这个症状。当时，头皮疾病以及随后导致的秃发在黑人女性中很常见，主要原因是她们使用的洗发水里含有很多刺激性的化学成分。面对困境，莎拉没有认命，而是开始试验她自制的混合药物，几个当理发师的兄弟也施以援手，给她提供了很好的建议。莎拉采用的对策是每天用她自己创制的洗发液洗头。她坚持每天使用自己的新配方，真的让头发又慢慢长了回来，于是她又开始研究如何用她的独特配方来帮助其他女性。

后来，莎拉又嫁给了记者查尔斯·约瑟夫·沃克（Charles Joseph Walker），成为后来大家熟知的 C. J. 沃克夫人。她带着自己的产品“沃克夫人的奇妙生发素”和“沃克套装”，开始挨家挨户地教女性如何使用她的产品养发护发。她和丈夫一起走遍美国各地，为她不断发展壮大的护发业务开拓新的市场。在这个过程中，她把大量心血倾注到产品销售以外的事业上。通过在全美各地招募培训大量年轻黑人妇女从事销售工作——这在20世纪初应该算是一项了不起的成就，她让那些本无出头之日的妇女释放出巨大的能动性，并为自己创造了收入。她创建了C. J. 沃克夫人美发文化联盟，每月只要缴纳25美分，就能享受丰富的商业和教育机会，以及人寿保险和其他福利。她鼓励这个由年轻创业者组成的联盟在各自的社区开展慈善事业，并在她们汇聚一堂的年度大会上，对那些在本乡本土表现得最慷慨的人予以特别的表彰。“我不满足于为自己赚钱，”她说，“我努力为和我同一种族的成百上千位女性提供就业机会。”

沃克夫人只活到51岁，在她生命的最后10年，她成为大受欢迎的励志演说家、百万富翁和慈善家。“我只能靠自己谋生，抓住自己的机会，”她告诉观众，“但我做到了！不要坐等机会的垂青。行动起来，创造机会。”沃克夫人的成就远远不止创造一种产品。如果她还活着，她会说她“豪赌”的，是为别人创造机会。

我踏上成功之路，全赖我自寻出路。

——C. J. 沃克夫人

有时，“从现在做起”意味着你已经拥有了核心知识和经验，芭芭拉·范·达伦就属于这种情况。但在这个充满颠覆性的时代，敢于豪赌的人有时在没有任何先入为主的理念或者经验的情况下，也能实现他们的发明创造。

20世纪90年代末，刚从罗得岛设计学院毕业的布莱恩·切斯基（Brian Chesky）和乔·杰比亚（Joe Gebbia）与许多年轻的专业人才一样，去旧金山寻找机会。[3] 但很快，高昂的生活成本使他们连房租都付不出来。他们知道，自己需要想办法挣点外快，而且一定要快。大约在同一时间，他们听到有人抱怨说，一个大型设计会议要在旧金山举行，主办方已经订下了几乎所有附近的酒店房间，但仍有许多与会者没有住宿的地方。他们盘算了一下，要是把他们住的公寓租出去一部分，也许不赖。于是，他们创建了一个简单的网站，把他们的阁楼和购买的三张充气床垫的图片放了上去，寻求承租人。承租人获得的承诺是，他们支付的租金里包含一份家常早餐。没过多久，两人就获得了第一份订单——某个刚从亚利桑那州立大学毕业的学生，迫切需要一个经济实惠的住宿地点。（布莱恩和乔的每张床垫收费 80 美元。）不久，两位参加大会的人也确认了他们的预订。爱彼迎（Airbnb）诞生了。

布莱恩和乔的风险投资初战告捷，两人大受鼓舞，促使他们将这个创意落地，尝试一直做下去。他们冒冒失失地开始招揽投资者，但绝大多数都认为在陌生人家中留宿的想法很疯狂。他们的时机也不是那么好。金融危机即将到来，对于未经考验的创意，投资者砸钱支持的胃口已经没那么大了。

为了让自己的努力不付东流，布莱恩和乔对早餐进行了一次精明的微调。他们试图打入丹佛市的租房市场，于是想了一个点子，利用丹佛举办 2008 年民主党全美代表大会的机会，推销印有竞选人奥巴马形象的盒装麦片 Obama O's，借着大会提高知名度，创造额外收入。后来，他们又在明尼苏达州圣保罗市的共和党全美代表大会上如法炮制了一次，推出印有竞选人麦凯恩形象的麦片 Cap'n McCain。不出所料，Obama O' s 和 Cap' n McCain 麦片火爆一时，为他俩带来了解决燃眉之急的 30 000 美元收入。

2009 年 1 月，爱彼迎被纳入 Y Combinator 针对初创公司成立的加速孵化项目，并获得了 Y Combinator 联合创始人保罗 · 格雷厄姆（Paul Graham）两万美元的投资。掏钱租个充气床垫在陌生人家里地板上过夜，这个创意并没有给格雷厄姆留下特别深刻的印象。但当这两位年轻的创业者准备离开，结束双方第一次面谈时，乔递给格雷厄姆一盒 Obama O' s 麦片。“哇哦，”格雷厄姆说，“你们这些家伙就像小强，打不死。如果你们能说服人们花 40 美元买一盒麦片，没准儿也能说服他们付钱睡在别人家的充气床垫上。”这盒麦片，搞定了这笔交易。

爱彼迎招募的团队并不大，也没有花大笔资金进行营销和广告宣传。实际上，布莱恩和乔总在问：我们至多要花费多少时间或精力，能够通过实验确定这个创意可以一鸣惊人？他们学会了时刻保持灵活敏捷，锁定机会让企业生存下去，直至最终站稳脚跟。

我最大的优势之一，恰恰是我所知甚少。

——布莱恩 · 切斯基

爱彼迎的成长历程并非一帆风顺。引入一个新概念时，你必然会受到一些人的抵制。酒店行业进行了大量游说活动。一些社区和公寓楼禁止业主通过爱彼迎出租他们的居所，还有人担心陌生人会毁了他们的房子。但这个创意逐渐得到了大众的欢迎，因为它恰好为旅行者提供了他们正在寻找的东西。这不仅仅是价格问题，更是一种归属感，是一个比无菌酒店房间温馨的地方。那些因高额房产税和房产空置而挠头的房主，也把爱彼迎当成一种简单的赚钱方法。如今，爱彼迎的业务已经覆盖 191 个国家或地区的 80 000 多个城市。每天，在爱彼迎挂牌出租的 300 多万套房源会迎来超过 50 万名房客入住。

◆◆◆

所以你看，任何人都可以豪赌，并且通常就从一个简单的问题开始："为什么我不试试呢？"想象自己是一名大学生[4]（也许你就是一名大学生，那就不必想象了），你的日常生活被上课、活动、家人和朋友占得满满的。那又会是什么原因，能让你挤出时间，去开展一个诸如在大学校园里消除饥饿的项目呢？而这正是加州大学洛杉矶分校的学生蕾切尔·苏梅克和布莱恩·波泽什基做的事。他们成立的全美非营利性组织"消除饥饿"（Swipe Out Hunger），源自 2010 年的一个草根倡议。当时，布莱恩贴出一份倡议书，呼吁大家捐赠食物，并问一些朋友"谁想帮忙？"蕾切尔表示她可以，但后来有点尴尬，因为她发现自己是唯一一个做出响应的学生。接下来的星期六，她和布莱恩花了 5 个小时在校园里游走，把捐赠来的食物分发给那些吃不起饭的学生。

他们打算解决的并不是一个新问题，但这个问题多年来肯定也没有得到人们的重视。虽然我们以为大学校园里的学生应该不会饿到那个地步，但我个人的亲身经历却可以证明那种情况确实存在。我上大学时拿的是助学金，而助学金并不包括学习期间的膳食费用。我打工赚的那点钱基本都用于买书了，助学金也不够支付其他额外开销，我只能经常勒紧腰带，不吃饭，因为我根本就没有钱吃饭。我很幸运，我家有一些走得很近的朋友正好住在学校附近，他们会定期邀请我吃饭，然后把我送回宿舍，剩饭还能留到第二天中午再吃一顿。（忆及此处，我的眼眶不禁湿润起来——我是多么的幸运，一辈子能够遇到这么多好人，是他们的慷慨和关爱帮助我成才立业，教会我踏实做人。）

今天，全美每 7 个大学生里，估计就有一个被认为处于严重的“食不果腹”的状态，以至于他们不得不去救助穷人的食品救济站领取免费食物。在某些州，这一比例甚至高达 1/4。这就让“消除饥饿”组织有了用武之地。蕾切尔和布莱恩先做好一个标志，提供外卖盒，鼓励身边的同学们收集富余的食物。但没过多久，他们就遇到了餐厅管理者的阻挠，因为他们认为这是竞争，他们感觉受到了威胁。一位餐饮经理甚至砸烂了蕾切尔的盒子，大声喊道：“让这个计划从我的校园滚出去。”

显然，“消除饥饿”需要换一条路继续前进。蕾切尔和布莱恩将目光放在大学的膳食计划上。许多学校每年 9 月会要求家长打一笔钱到学生的餐卡上，这对于有经济实力的父母们来说不过是举手之劳。学生餐卡有点儿像银行卡，每次刷一下卡就可以享受校园餐了。到了年底，卡里还有余款的情况也不少，而大多数学校不允许

区
3 重视失败
泰德和他球队漫长夺冠之路
立足长远
梅格·惠特曼，用竞选州长失败经验担任惠普CEO
失败的教育
J.K.罗琳黑暗经历孕育了《哈利·波特》
被剥夺的力量
建立安全桌
一群少数人改变世界
做大脑的黑客
战胜天花
猩猩，不带偏见
胶卷和网飞
非首个发明电灯的人
迭代 齐头并进
恐惧

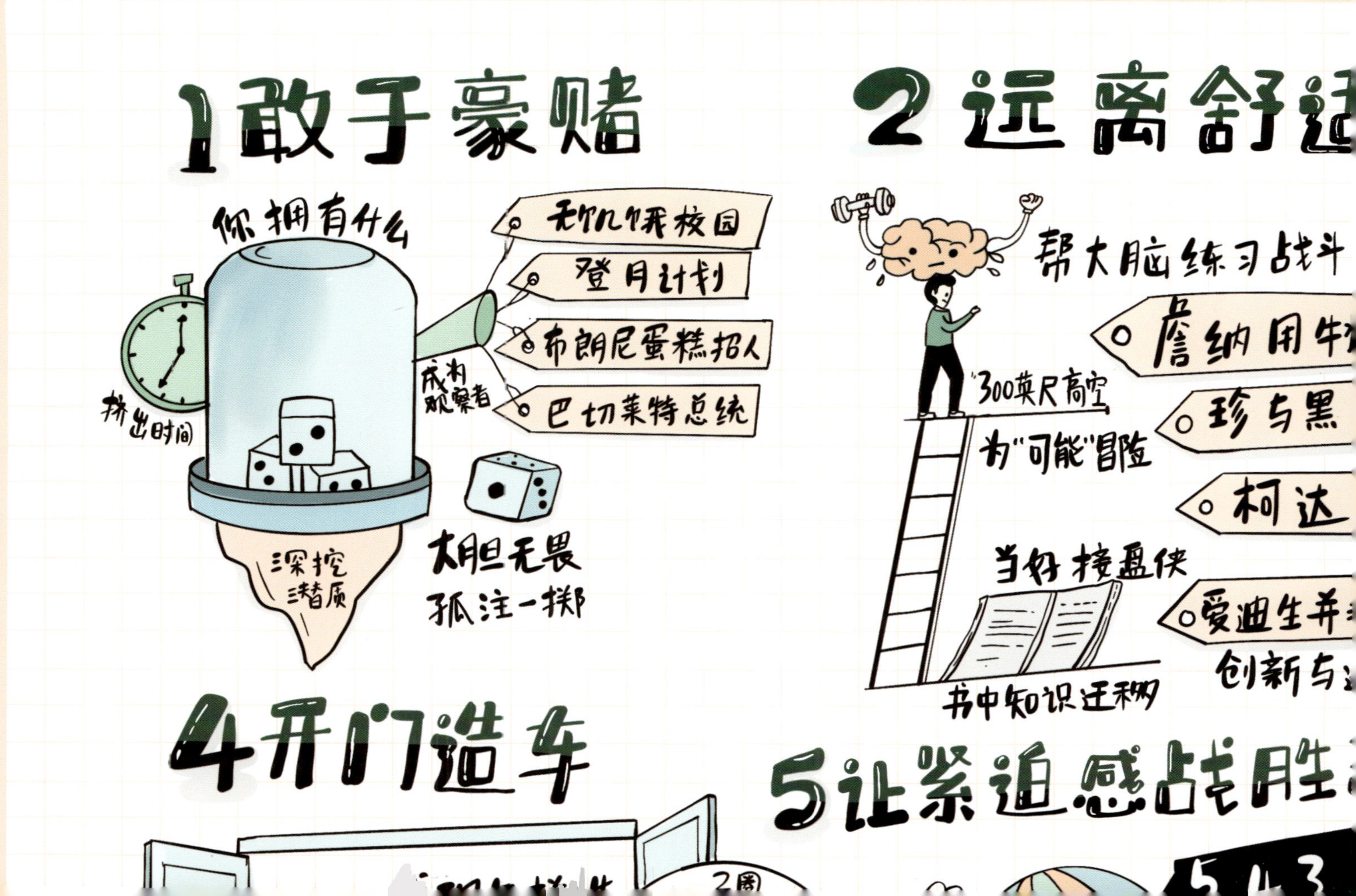
1敢于豪赌
你拥有什么
挤出时间
无饥饿校园
登月计划
布朗尼蛋糕招人
巴切莱特总统
成为观察者
深挖潜质
大胆无畏
孤注一掷
2远离舒
帮大脑练习战斗
詹纳用牛
珍与黑
柯达
爱迪生并
创新与
"300英尺高空
为"可能"冒险
当好接盘侠
书中知识迁移
4开门造车
5让紧迫感战胜
2圈

团队协作
核心人员
分清谁是最主要的
主动寻找差异性
能力
寻找自我根基

泰诺胶囊东山再起
动
间做出反应
飓风灾难
沃尔玛极速响应
清单
寻找无所畏惧的自己
你的道路由你决定
我敢，你敢不敢？

绘 糕小糕视觉笔记

余额滚动到下一年继续使用。

如果是规模更大的综合性大学，用不完的膳食计划积分甚至能高达数十万美元。蕾切尔想，假如学生们“刷卡”，把用不完的校园餐积分捐赠给有需要的学生，岂不是两全其美？这真是一个绝妙的主意——如此简单——应该会得到广泛接受。但要损失如此多的收入，加州大学洛杉矶分校可不会那么简单就让步。正如蕾切尔后来所说的那样：“那种感觉就像学生违反了学校的规则。”然而，几位创始人最终还是坚持了下来。到 2012 年，“消除饥饿”赢得了广泛的赞誉，他们的努力甚至得到了白宫的认可，几位学生领导者被白宫授予“变革领军人”（Champions for Change）的称号。时任美国总统巴拉克·奥巴马亲自向来自加州的 15 名获此殊荣的学生表示祝贺。

毕业后，学生们各奔东西，蕾切尔也进入社会工作。不久之后，一直由志愿者组成的“消除饥饿”团队决定聘请一名全职负责人来管理这家不断扩大的非营利性组织。蕾切尔毛遂自荐。“你心肠太软，当不了领导者。”一位男性朋友告诉她。但蕾切尔没把他的评价放在心上。今天，在蕾切尔的带领下，“消除饥饿”计划已经扩展到全美 30 所校园，通过构建特许加盟模式，赋予学生领导者强烈的主人翁意识。该计划已向有需要的学生提供了超过 130 万份膳食，现在还建立了食品分发处，其中一个就设在加州大学洛杉矶分校，学生可以直接走进去取用所需的食物，没什么见不得人的。2017 年 6 月，加利福尼亚州州长批准了一项立法，鼓励全州各大学采用该计划，并批准 750 万美元的预算用于推动“无饥饿校园”。

学生们经常给蕾切尔递纸条表达谢意。一位年轻女孩说，如果没有这项计划，她本来都不会上大学的，因为她像很多学生一样，虽然拿到了助学金，但仍然没钱买吃的。蕾切尔喜欢表达的一个观点是，一顿饭的成本很低，而一个辍学或放弃入学的学生却会产生巨大的社会成本。“大学生有很强的不安全感，”她提醒人们，“但食物不应该是造成不安的原因。”

莎兹·维斯拉姆与蕾切尔·苏梅克很像，这位巴基斯坦和坦桑尼亚移民的女儿在哥伦比亚大学攻读MBA（工商管理硕士）学位时，萌发了打造一个婴儿健康食品品牌的想法。那时她还未为人母，但却被一位同学的遭遇所触动。她的那个同学是两个孩子的母亲，抱怨说没有多少婴儿食品可供选择，她自己没有时间自制婴儿食品，但仍然希望能找到成分健康的食物。带着父母灌输给她的满满信心（她对此毫不讳言），莎兹决定解决这个问题。她研究市场，对已经当了父母的朋友进行调查，结果惊讶地发现，尽管人们对含有健康成分的有机食品的兴趣越来越大，但婴儿食品市场数十年来一直停滞不前。她认为自己可以在这方面豪赌一次。

寻找投资者是难度最大的部分，因为她还在上学。好在她的妈妈出手相助，给了她两万美元。拿着妈妈的第一笔投资，莎兹又想方设法筹集了50万美元，终于在2006年成立了自己的食品公司——“快乐家庭”（Happy Family）。一路走来，业务经营少不了磕磕绊绊。最初，她的产品是冷冻包装，但她发现人们没有在超市的冷冻食品区购买婴儿食品的习惯。于是她在2009年改变了路线，将小袋包装放在婴儿食品区的货架上。产品从此一炮打响。

当然，这只是莎兹故事的简化版。成功背后，是多年的研究、测试和寻找投资者的努力。她没有雄厚的资金，也没有丰富的家族人脉，所以在创业初期，寻找投资者就成为她工作中的重要一环。刚开始的时候，她不得不向大多数男性投资者兜售这个创意，而他们并不是母婴友好型产品的主要受众。不过，她最终还是发现有一类新的“影响力投资者”做出了回应——我们将在本书后面章节讨论这一现象。吸引这些投资者的，不仅是莎兹公司无可争辩的成功，更是为孩子的健康做出贡献的难得机遇。2013 年，莎兹将她的公司卖给了达能，这是一家总部位于巴黎的跨国公司，致力于健康产品的研发、生产和销售。她的早期投资者获得了 30 倍的回报。莎兹仍然担任首席执行官，但同时也成了一位投资者，专注于帮助其他希望行善的公司。她的宏大使命就是尽一切努力促进婴幼儿的健康和福祉。而这种紧迫感在她成为母亲之后变得更加强烈。当莎兹的儿子被诊断患有自闭症后，她的毕生事业和个人生活逐渐融为一体。今天，她的使命正在向保护整个家庭的健康扩展，为儿童和孕妇提供产品。莎兹的观点很简单：她只对那些有助于改善世界的项目感兴趣。虽然“幸福家庭”是一家盈利状况非常好的企业，但她还是会说，“宝宝第一，利润第二”。

◆◆◆

“从现在做起”，可以成为每一个志存高远的人的座右铭。它总是让我想起我从珍那里领悟到的一些人生智慧。珍是一位运动教练，我曾经跟着她训练了一个夏天，试图最大限度提升我的体能。珍年轻健美，身材极好。她曾多次赢得铁人三项比赛，在我们一起训练的那个夏天让我深受激励（可能也吓到了我）。我练过拳击，还是跆拳道的黑带，不过我从来没有在山地环境中竞速跑或长跑过。但我还是在弗吉尼亚州山区的一个农场待了一个夏天，那里有起伏环绕的小山，还有蜿蜒曲折的乡间道路。我希望到夏天结束时，能完成三英里公路跑，包括山路的户外环境。对于大多数跑友而言，三英里并不是什么大不了的事，但我从来没有参加过比赛，甚至连上山下山的路都没跑过。

“把它分成小段。”这是珍的第一条建议，她告诉我，“只看眼前的三英尺，因为如果你看到一英里的路，你会说，‘我永远也跑不了那么远’。但你总能再跑三英尺吧。”她说得对。跑完一段又一段三英尺，就可以跑到下一个路边邮箱，然后再跑到公路的拐弯处——每一段距离都比上一段远了一点点。到了夏天结束的时候，我已经能跑完整整三英里的山路了，而原来我只能努着劲儿跑几分钟。

用“分段”法拼搏，其实内含大智慧。人生中的所有事情都是一样的，千里之行，必始于足下；不积小流，无以成江海。所以，我要请你好好想一想，如何将“不可能”的任务分成小段。

珍教我懂得的另一个道理，也适用于所有无畏的努力。有一天，训练了一段时间以后，我实在练不动了。我注意到，有些天我会觉得自己精力旺盛、健跑如飞，但有些天迈出每一步都要经过一场斗争。“即使我赢了铁人三项以后，我也还是会遇到这种情况，”珍说，“有些日子很疲劳，有些日子很轻松。但你只管继续向前。”我的体会是，跑步如是，人生的挑战亦如是。总有那么几天，会让你觉得坚持完成任务比往常更困难，你只能深挖潜力，寻找内心积聚的力量，继续朝着你的目标前进。关键在于，你要提醒自己，明天也许就会容易一些。

我经常在想，那些改变了世界的豪赌，是如何从一个人生活中的豪赌发展而来的呢？我从小就看着我的母亲想尽办法养我们这个家，就连我一个小孩子都能看出来，这件事做起来有多难。有些时候，我只能和妈妈待一个小时，从我放学到家，到她离家去上夜班的那一个小时。因此，我趁着自己还年轻就拼了一次，为自己创造了足够的财务保障，确保我在有了自己的家庭以后，仍然可以在我的职业生涯中保持一些灵活性。由于所有决定都源自这个中心思想，我在要求加薪的时候并没有感觉特别不好意思，因为我有任务在身。

我很小的时候就致力于利用自己的时间和才能来培养他人，作为一个在私立学校获得全额奖学金的孩子，我渐渐明白机遇对于一个人的人生会产生怎样的影响，造成怎样的不同。我起初想在公共部门担任律师，但有趣的是，曲折的人生之路引领我投身于私营部门的技术工作。在那里，我有幸通过数字革命和互联网帮助数百万人获得了新的能力。反过来，这也为我提供了建立基金会的丰富资源，并让我能够在今天投资于可以改变世界的人和创意。我的内心始终坚持一个大目标，无论发生什么，我都要一直专注于帮助他人。如果没有这份坚持，我还会冒险辞去公职，投身商海吗？真不好说。

你的心里，是否也燃烧着一股拼搏的火焰，是否也埋藏着一个伟大的梦想？对你来说，“从现在做起”意味着什么，你又将如何闯出一条属于自己的拼搏之路？本章的每个故事都表明，豪赌并不需要大量预算，也不需要久经考验的专业知识或大型公司、组织的支持。它只需要你评估你现在拥有什么，可以在当前情况下用来一步一步地实现你的创意。就从现在开始吧。

02

大胆无畏，孤注一掷

约翰·肯尼迪总统宣布美国登月的时候，我还太小，记不得那一天发生了什么，但我确实记得，我是在一个怀抱登月梦想的世界里长大的，我也记得肯尼迪那些令人难忘的豪言壮语——我们做这些事情，“不是因为它们容易，而是因为它们很难”。[5] 虽然“登月”（moonshot）一词现在被用来描述任何巨大且胆大的努力，但我一直怀疑，我们是否真的体会到了肯尼迪总统 1961 年那次豪赌的大胆程度。

登陆月球有着极其强烈的孤注一掷的色彩。这样的壮举对当时的美国人来说近乎痴人说梦，因为我们什么都没有。在总统宣布他的承诺时，我们没有制造火箭所需的材料，更不用说可以让太空飞船到达月球的技术和轻量化部件了。我们没有能力缩小系统的尺寸，让它们能够安装在如此狭窄的空间里，也没有先进的通信技术来跟踪飞船在太空中的轨迹。我们甚至没有数学或物理方面的专业知识，告诉我们如何把飞船发射出去再把它带回来。但是，正如肯尼迪总统所说，“我们选择在这十年里登月”。我们选择去做。我们做到了。

我们不一定清楚我们今天在生活中享受的东西有多少直接源于当年的登月挑战。这些成果包括卫星通信、全球气象监测系统、可以承受恶劣环境的塑料件、技术的小型化（20 世纪 60 年代的计算机太大，无法装入航天器），乃至计算火箭离开和返回大气层的优化轨迹所需的数学公式。我们今天拿起 iPhone，使用 GPS（全球定位系统）导航，查看天气，或发送电子邮件时，不会先去感谢肯尼迪总统，但这些创新确实在很大程度上归功于他的豪赌。

关于肯尼迪总统的登月计划，我一直在反复强调这项工程是多么的大胆无畏。豪赌是无数其他创新的引擎。豪赌可以改变文化、地理、思维方式和政治制度。证据很明确：为了创造一个更美好的世界，我们必须承担更大的风险，并敢于下更大的赌注。

像大多数亲眼见证登月的人一样，1969 年 7 月 20 日发生的事情总能让我产生特殊的共鸣。它仍然是我最珍贵的回忆之一。当时我还是个小孩子，我的妈妈把我从睡梦中叫醒，告诉我那一刻即将到来。我从床上跳起来，冲进客厅，和家人们一道，围坐在闪着微光的电视机前。屏幕上是著名的新闻主播沃尔特·克朗凯特（Walter Cronkite）。然后直播开始——有点模糊的黑白图像，宇航员尼尔·阿姆斯特朗从登月舱的梯子上下来，在月球上留下了人类的第一个足迹。感觉好像我们国家和全世界的人都一起屏住了呼吸。当美国国旗插上月面时，我们一家人爆发出一阵欢呼。这真是创造历史的一刻。即使我还那么小，也能感受到那种大无畏的探险精神。

在接下来的日子里，我得到了一个宇航员饭盒和保温杯，自豪地在学校食堂里炫耀了一把。我当时就想成为那个勇敢的人，无所畏惧，一往无前，探索前人从未到过的地方。登月对流行文化和消费品的影响，以及它们展现出来的灵感，无处不在。我自己的午餐盒里装满了新的“太空食品”，比如太空食物棒（Space Food Sticks）和果珍（Tang）。

肯尼迪大胆梦想的实现，激励了无数和我一样的年轻人。见过了什么是大胆无畏，我们就知道自己也能大胆无畏。不妨畅想一下，我们可以做些什么，来激励今天的年轻人呢？想一下，做一些可以激励今天年轻人的事情。

记住，要抬头仰望星空，不要只顾脚下。

——史蒂芬·霍金

能像谷歌 X 实验室（Google X，现在简称 X）那样承载和发扬这一思想的现代组织，真可谓凤毛麟角。[6] 这家自诩为“登月工厂”的机构于 2010 年创建，是一个创造力无限的地方。德雷克·汤普森（Derek Thompson）在发表于《大西洋月刊》的一篇文章中将其形容为“智库式的专门小组加上即兴剧团般的天资”。但它远不止于此。

领导这个项目的是阿斯特罗·泰勒（Astro Teller），他的名字似乎已经注定了他的一生必将拥有不凡的经历。①（事实上，阿斯特罗

① Astro 这个词本身有“宇宙”、“太空”的意思。中国观众熟悉的“铁臂阿童木”，英文译名就是“Astro Boy”。——译者注

只是泰勒的绰号，父母给他起的名字是埃里克。）不仅如此，他的姓氏还是一个非凡血统的延续——他的外祖父是诺贝尔奖得主、经济学家杰拉德·德布鲁（Gérard Debreu），祖父是被称为“氢弹之父”的爱德华·泰勒，在核物理和分子物理方面均做出了卓越的贡献。阿斯特罗本人也是一位资历深厚的学术精英，坐在他旁边吃晚餐，会让你不由自主地产生一种敬畏之心，就像我在某次会议上第一次见到他时一样。但是，这位X实验室的带头人，风度迷人。留着胡须的创新者待人又那么开放和坦诚，着实让我感到意外和惊喜。他告诉我，他鼓励“少尊重权威”，虽然他的目标可能飘在平流层，遥不可及，但他平易近人、谈笑风生的风格还是很有亲和力的。

X通过简单的三点原则来筛选项目：（1）问题要足够大，会影响数百万甚至数十亿人；（2）提出的解决方案要激进；（3）有理由相信这种激进的解决方案所必需的技术是可能的。

X力求博采众长。“你会发现一位航空航天工程师与时装设计师、前军事行动指挥官一起，同激光专家们进行头脑风暴，”阿斯特罗曾告诉TED观众，“这些发明家、工程师和制造者都梦想着创造出新的技术，寄希望于这些技术能让这个世界变得更加美好。”阿斯特罗的一个基本原则是营造一个探索发现的环境，人首先要有激情，“而不是把人放进一个已经存在的空间，确保他们不会越雷池一步”。

X的很多工作都是秘密进行的，不过“气球项目”（Project Loon）的知名度应该比较高了。这个项目试图创建一个以气球为载体、覆盖所有人的互联网，阿斯特罗将其称为X“最疯狂”的项目。

飓风“玛利亚”过后，“气球项目”于 2017 年在波多黎各成功部署。X 对待各种项目的方法是持续推进，直到其失败，或“毕业”成为谷歌的独立业务。X 的毕业生之一是 Waymo，它是从谷歌的自动驾驶汽车项目发展而来的。我们在后面还要讨论 X，研究它从失败中获得巨大成功的卓越模式。总之一句话，与“豪赌”一样，X 每天都在打破固有的规则和模式。

◆◆◆

甚至连美国建国都可以说是一场豪赌：成员驳杂的民兵将控制权从当时世界上最强大的国家手里夺过来，然后以自由、平等、和平和繁荣的原则为基础，建立了一个新的国家，这是一个多么无畏的想法！我们的国父们本来可以向英国继续发泄他们的不满，把自己定位为又一个寻求宗主国更多让步的殖民地。但他们向难而行，选择发动一场革命，不改初衷，坚定信念，创建了一种新的政治制度。

这就是豪赌的思维方式：它不仅仅是开发一种产品，而是开拓全新的领域进行探索。这就是为什么当像埃隆·马斯克（Elon Musk）这样的创新者谈论 SpaceX 时，无论他夸赞公司取得了多少渐进式的成绩，他永远都不会忘记提醒全世界，他还肩负着将人类送上火星的伟大使命——并且要在 2030 年之前实现。[7] 他赋予 SpaceX 和特斯拉的目标是，“重新定义我们在地球和太空旅行的方式”。这是豪赌的精髓所在：一个大胆无畏、团结统一的目标，让所有人得到激励，让所有人团结在它的周围。2018 年 1 月，SpaceX 的首枚火箭顺利发射，证明马斯克的“疯狂”梦想成功经受住了第一次重大考验。有很多人预测马斯克会摔个大跟头，耗尽资金，或者野心扑空，而他的方法、傲慢以及他与批评者互动的方式，也确实存在许多问题，很多批评是可以理解的。不过，尽管人们还没有消除对这些问题的疑虑，但马斯克能够充分识别并应用失败的经验教训来实现他的愿景，他的方式方法还是有很多地方可以借鉴的。

我们生活在一个难以置信的无畏时代。[8] 令人兴奋的是，这种大胆无畏有很多来自年轻人。不用说，年轻人当然知道如何大声表达自己的观点，也知道如何颠覆和破坏，但最让人印象深刻的一点，是他们更知道如何组织和促进他们的事业。就拿帕克兰市的 NeverAgain 控枪运动来说吧，它就打破了枪支暴力悲剧之后形势发展的惯常轨迹——持续很短时间的全国性愤怒，然后在几周内恢复常态。[9] 2018 年 2 月 14 日，佛罗里达州帕克兰市的玛乔丽 · 斯通曼 · 道格拉斯高中（Marjory Stoneman Douglas High School）发生一起枪击案。此后，学生们组织起来，把矛头对准美国步枪协会（NRA），并组织了名为“向华盛顿进军”的大规模游行示威活动。学生们要求对购枪者进行全面背景调查，将购枪的最低年龄提高到 21 岁，并禁止出售攻击性武器。他们还发誓要反对那些从 NRA 获得大笔捐款的民选官员。他们的努力，终于迫使保守的佛罗里达州州长里克 · 斯科特（Rick Scott）签署了禁止销售自动武器的法律——这是一次历史性的变革，只有那些大胆无畏、敢于拼搏的人才能实现。

我不害怕……我生为此行。

——圣女贞德

就我们所知，帕克兰市的学生们并不是第一拨投身社会运动的年轻人。实际上，新一代领导者的不断涌现，令我们时刻感到鼓舞和振奋。在举办过一次全国性的挑战赛之后，凯斯基金会收到了一位年轻女性的报名表，这位名叫乔汀·莎拉（Jordyn Schara）的女孩写道："我是一名'无畏者'。14 岁时，我们的政府拒绝采取行动，于是我创建了自己的 501（c）（3）非营利性组织①，开展社区服务项目，设立全天候药物收集计划。"[10] 乔汀发现，在 12—17 岁年龄段的青少年中，有逾 210 万人在滥用处方药。于是，她萌生了一个想法。她希望提供某种途径，能把这些药物从人们手里回收过来，并以安全环保的方式处理掉。这样，乔汀在威斯康星州很多地方警察局设立了药物收集容器，分发传单，进行宣传，提高群众对这个问题的认识。

对于一个年轻女孩来说，引起别人的注意，赢得他们的帮助来实现自己的愿景，并不是一件容易的事。当乔汀得知可以申请州拨款，帮助社区开展药品回收计划时，她要求镇上的拨款申请撰写人写拨款申请，但却遭到拒绝。乔汀没有退缩，她又去求附近的另一

① 501（c）（3）非营利性组织，是指根据《美国法典》第 26 卷，即《美国国内税收法典》（国内也有译作《美国国内收入法典》）第 501 条第（c）款第（3）项的规定，可以免除缴纳美国联邦所得税的公司、信托、非法人团体或其他类型组织。这是美国 29 种 501（c）非营利性组织中的一种。根据美国国税局的规定，501（c）（3）非营利性组织应出于慈善、宗教、教育、科学、文学、检测公共安全、促进全国和国际业余体育竞赛以及预防虐待儿童或动物的目的组建。——译者注

个社区。这一次，对方同意申请拨款，但告诉她不会把钱分给她用。没办法，14 岁的乔汀只好决定自己申请。拿到拨款时，她自己都惊到了，但随后她做了一件更加了不起的事情。乔汀告诉那两个拒绝她的小镇，她准备和他们共同使用这笔钱。

在最初的 4 年中，乔汀的威斯康星州处方药和药物处理（WIP2D2）组织就收集了超过 60 万磅处方药。自 2008 年成立以来，该组织已经发起实施了 11 项药物回收计划，帮助从儿童和青少年手中回收了超过 150 万磅药物。乔汀是凯斯基金会 2012 年“寻找无畏者”挑战赛的获胜者，后来她毕业于威斯康星大学麦迪逊分校，主修广播新闻以及性别和女性研究。

◆◆◆

如果我告诉你有人可以通过开一家布朗尼烘焙公司改变世界，你可能会在心里打个问号。[11] 那是因为你还没有遇到创办格雷斯顿面包店（Greyston Bakery）的那位变革者。伯尼·格拉斯曼（Bernie Glassman）是美国著名的佛教徒和社会活动家，他于 1982 年在纽约扬克斯成立格雷斯顿面包店，试图寻找对策，在他的社区里阻断贫困的恶性循环。他创造就业机会，不考虑教育背景，不考虑之前的就业经历，也不考虑诸如是否进过监狱、无家可归或者吸毒这一类雇主通常根本不能接受的黑历史。36 年来，这家公司已经从最初的小作坊发展成为世界级的制造商，每年为本杰瑞（Ben & Jerry）、全食超市（Whole Foods）和美国达美航空（Delta Airlines）等公司生产成吨（真的是按吨计算）的布朗尼和饼干。

直到今天，格雷斯顿仍然采取公开招聘的策略：来自任何地方的任何人都可以走进公司大门，将他们的名字填入登记表，当有新的职位空缺时，谁先登记，就选择谁接替那份工作。正如格雷斯顿首席执行官兼总裁迈克 · 布雷迪（Mike Brady）所说："我们不是为了做布朗尼蛋糕而招人，我们是为了招人才做布朗尼蛋糕。"格雷斯顿还扩大了业务范围，成为社区领导者，主要推广项目包括劳动力发展计划和格雷斯顿社区花园。公司还发起一项新活动，教其他公司如何将公开招聘纳入它们的实际操作。格雷斯顿面包店的故事提醒我们，豪赌可以最甜蜜和最意想不到的方式开始。

正是这样一种思维，改变了美国，也改变了世界。

◆◆◆

"如果智利能够做到这一点，你也可以做到！"[12] 这是智利前总统米歇尔 · 巴切莱特（Michelle Bachelet）2018 年 6 月在华盛顿特区接受美国《国家地理》杂志颁发"星球领袖奖"时所说的话。就在前一天晚上，我以国家地理学会主席的身份，主持了巴切莱特总统的招待晚宴。巴切莱特在 2006—2010 年以及 2014—2018 年期间担任智利总统。（智利总统规定不得连任，所以她的任期是分开的。）在巴切莱特第二次当选总统时，她获得了 62% 的选票—— 一个令人叹服的数字。但是，她的人生之路坎坷多艰，起初并没有多少人能预见到她以后能产生如此巨大的影响，获得如此巨大的成就。巴切莱特的父亲是智利一位受人尊敬的军官，在1973年奥古斯托·皮诺切特将军发动政变之后，因为效忠萨尔瓦多·阿连德总统而受到监禁和拷打，一年后在狱中去世。巴切莱特和她的母亲也遭到拘禁，受到威胁，并最终被流放海外。多年以后，巴切莱特终于获准重返家乡，她一边为智利重建民主而不懈奔走，一边坚持完成学业，并最终成为一名外科医生。凭借这个身份，巴切莱特后来出任智利卫生部长，然后是国防部长，最后当选为国家最高领导人。

巴切莱特对其祖国的贡献足以撰写一部感人肺腑的传记，而且在服务国家的过程中，她经常还身处逆境，要克服重重艰难险阻。她创造的一项功绩，不仅使她受到了国家地理学会的隆重接待，更堪称送给这个星球的一份厚礼。在她的领导下，智利创建了5个新的国家公园，使智利的公园系统占地扩大到1 000万英亩以上——这里面还有克里斯蒂娜·汤普金斯（Kristine Tompkins）的功劳，她与丈夫道格·汤普金斯（Doug Tompkins）通过实实在在的非凡努力，共同保育了逾100万英亩的土地，后来又将这块土地交还智利。2018年3月，受国家地理“原始海洋”（Pristine Seas）计划的启发，巴切莱特又创建了9处海洋保护区，对生物多样性进行保护，使智利的海洋保护区从她上任时占智利海域的4.2%增加到她离任时的42.4%，超过54万平方英里的海洋生物得到了保护。

巴切莱特总统以其卓越的领导力成为当之无愧的环保楷模，言及此处，她说：“我们证明，推动环境议程，有所作为，不一定只有富裕国家才能做到。”

“豪赌”的本质在于要大胆无畏地迈出第一步。如果你有一个好主意，想要推进，但你内心有个声音说“我恐怕永远都做不到”，那你就要反思一下自己了。无论多么宏伟、多么大胆的创意，都能凭借一步步的努力成为现实。朝着目标迈进，每采取一次新的行动，都会让一开始看似不可能的事情变得更加合理，更加可行。

03

破除成见，挖掘潜力和可能

在我办公室大门旁的墙上，挂着一张具有特殊意义的照片，来往的所有人都能看到。[13]这张照片是尤妮丝·肯尼迪·施莱佛（Eunice Kennedy Shriver）与几位特奥运动员在泳池边的合影。这位80多岁的特殊奥林匹克运动会创始人看起来很开心。在照片的底部，她写道："吉恩，明年夏天，我希望你和我一起去游泳！"①令人伤心的是，夏天未至，斯人已逝。

我从来没有机会真正和尤妮丝一起去游泳，但是我已经很幸运了，因为我认识了这位已经步入夕阳却仍焕发着光彩的杰出领导者，并且和她建立了深厚的友谊。凯斯基金会也与特奥会合作，帮助它拓展了国际知名度和影响力。尤妮丝的工作也激励我走得更远，看得更高，敢于承担更大的风险，并且永远不会忘记那些最脆弱的人——发掘每个人身上蕴含的潜力和可能。"和我一起去游泳"

① 尤妮丝留言的原文是"Jean, I want you in the pool with me next summer!"鉴于"pool"一词也有合伙经营、联手做事情的意思，所以此处似乎意含双关。——译者注

是一种邀请，不断提醒我要跳进人生的泳池中，畅游一番。

要了解尤妮丝这个人，你要先来熟悉她的经历。那是在 1968 年一个炎热潮湿的夏日，尤妮丝在芝加哥举办了第一届特奥会。就在 7 周前，她的弟弟参议员罗伯特·肯尼迪被暗杀，加上他，尤妮丝已有 4 个兄弟姐妹（包括总统约翰·肯尼迪）悲剧性地早亡。尤妮丝还有一个叫罗斯玛丽的姐姐，天生就有智力残疾，小时候，尤妮丝总和罗斯玛丽一起参加体育运动，姐妹情深，彼此相伴。姐姐的不幸启发尤妮丝肩负起了通过体育赋能残疾人的使命。从在自家后院里举办施莱佛夏令营（Camp Shriver）开始，到 1968 年，尤妮丝的运动已经扩展到全美各地乃至加拿大，并最终在芝加哥迎来了特奥事业的新辉煌。

尤妮丝热衷于一项“豪赌”：通过体育改变世界——为了这个目标，她在那个夏天去了芝加哥。面对聚集在军人球场上的一千名运动员，迎着夏日肆意的骄阳，尤妮丝宣读特奥运动员的誓言：

> 勇敢尝试，争取胜利！

那天，尤妮丝在现场大胆宣布，她相信有一天会有 100 万名智力障碍人士参加这个运动会。在 1968 年，这样的目标多少有点儿像吃了熊心豹子胆。但谁又能想到，几十年后，这个数字会增长到 100 万的 5 倍之多？今天，500 多万曾被错误地标记为没有发展能力、不能做出贡献的运动员，每年在世界上的 170 个国家或地区参加各种各样的比赛。

尤妮丝的梦想是提升所有人的尊严。多年来，特奥会的使命已经大大丰富，通过一系列强有力的活动，改变公众态度，引入多方资源，向全世界的智力障碍者提供学校教育、医疗保健和就业培训。人们普遍认为，正是这项始于尤妮丝家后院的社会运动，丰富了发展机会，促进了基本人权。最初只是帮助一些有需要的儿童的努力，如今却永远改变了社会对待残疾人的方式。

有一位名叫洛丽塔·克莱伯恩（Loretta Claiborne）的运动员，她的母亲依靠救济生活，连洛丽塔在内共有 7 个孩子。[14] 医生对妈妈说，洛丽塔不会活很久，建议把孩子送去住院，因为她有严重的智力障碍。但妈妈没有这样做。她把女儿带回家，不知疲倦地为她大声疾呼，坚持不懈地寻找机会。终于，特奥会的机会改变了洛丽塔的生活，并且进一步改变了其他无数人的生活。

如今，洛丽塔已经成为公认的世界级跑步选手和富有才华的励志演说家，只不过碰巧有智力残疾而已。她已完成 26 场马拉松比赛（最好的成绩是 3 小时零 3 秒），空手道达到黑带四段，能流利使用 5 种语言（包括美国手语），获得了两个荣誉博士学位。迪士尼拍摄了以她为题材的电影《奔向终点》（*The Loretta Claiborne Story*），她还两次出现在奥普拉·温弗瑞（Oprah Winfrey）的访谈节目中，并多次在总统和国会议员面前发表演讲。“我想，如果我的故事能改变一个人对另一个人的看法，尤其是一个孩子对另一个孩子的看法，那么这件事就算做对了。”洛丽塔说。

洛丽塔在总统和国会议员面前演说时表现得轻松自如。一次，在白宫东厅举办的一场名流显要云集的活动中，她在我之前发言。

她的演讲非常富有感染力，甚至让我对于不得不在她后面登台而感到有些沮丧。她的鼓舞和激励能力是独一无二的。

感谢他们自己的无所畏惧，也感谢像尤妮丝·施莱佛这样的盟友，洛丽塔和其他运动员得以破除成见，让太多身患残疾的人不再充当可有可无的看客。但是，每一位在身体素质上取得卓越表现的特奥运动员，首先要做的，是必须破除曾经根植于他们内心深处的怀疑和顾虑。要“敢于豪赌”，有时先要改变人们——通常是你自己——对一个人有所作为的潜力的认识。

最有效的做事方式，就是放手去做。

——阿梅莉亚·埃尔哈特

如果去华盛顿特区，在白宫附近散步，看到人行道上一块圆形奖章似的纪念碑，表彰尤妮丝不平凡的一生和贡献时，你可不要惊讶。光点纪念碑（Points of Light Monument）人行道被称为华盛顿的“额外一英里”，专门用于纪念改变我们国家和世界的行动和服务承诺。凯斯基金会有幸能够通过这种方式向尤妮丝致敬，她是“无畏”精神和行动的真正典范。

◆◆◆

每一次与大海的亲密接触，都会令我想起一位海洋英雄——我的朋友、国家地理常驻探险家恩里克·萨拉（Enric Sala）。我还记得第一次听他演讲时的情景。那时的恩里克还很年轻，梳着马尾辫，用浓重的西班牙口音描述了他致力于保护和拯救世界上最后一批原始海洋生态系统的承诺。我坐在那里，被他充满激情的演说所吸引、所震撼。他的豪赌是，与政府合作，到 2020 年建立 20 个海洋保护区，把一些最偏远的原生态海区都包括进来。

恩里克豪赌的灵感，源自他之前在加利福尼亚州拉霍亚（La Jolla）斯克里普斯海洋研究所（Scripps Institution of Oceanography）担任教授的一段经历。[15] 恩里克说，他发表了大量论文，强调了海洋生态系统的脆弱状态，后来，他意识到自己正在“为大海写讣告”。海洋占地球表面积的 70% 以上，恩里克知道，恢复和保护海洋生态系统的关键部分，不仅有助于拯救自然栖息地和大量物种，而且可以让海洋发挥至关重要的作用，因为在我们呼吸的氧气中，50% 以上是由海洋提供的，同时空气中超过 1/3 的碳污染也被海洋吸收。正如海洋专家经常说的那样，“海洋才是我们的地球之肺”。

所以他决定采取行动。恩里克知道，建立新的海洋保护区需要与世界各国政府保持协作，于是他加入了美国国家地理，制订了他的计划。然后，他打破一个又一个认为让政府合作太过艰难的成见。他喜欢说：“首先，我帮助他们爱上海洋，然后，我就和他们谈谈如何保护这些神奇的地方。”

到目前为止，已经确定了在 18 块海域建立新的海洋保护区，海洋面积超过 500 万平方公里。恩里克以高度协作的方式开展工作，吸引各种各样的利益相关方和组织加入其中。在最后一个海洋保护区建成之际，恩里克即将看到他的豪赌成为现实，以及被重新唤醒的重视海洋、保护海洋的意识。

我曾目睹恩里克落实他的行动策略。当时，我和他一起去古巴沿海的王后花园群岛（Gardens of the Queens）探索一块原始海域。在5天的探险中，我们每天潜水三次。这支由古巴人和美国人组成的联合小组通过潜水研究，统计鱼类的数量，并评估珊瑚礁的健康状况。虽然我在很小的时候就爱上了大海，但在这块原生态海区潜水，仍然使我的内心生起一股感动，那种感动甚至让戴着潜水面罩的我禁不住想哭。我看着眼前的大海，有一种时光倒流的感觉，仿佛又回到了人类活动还没有损害珊瑚礁健康的时代。我身高差不多1.65米，在女生里不算矮了。但有一次，一条巨大的石斑鱼游到我身边，它的体长居然远远超过了我的身高！这块水域还有大量大型食肉动物活动，包括很多鲨鱼，数量之多，是我以前在任何一个地方都未曾见过的。在那次旅行中，我亲身感受到了恩里克的非凡能力，他力促人们尽其所能，保护地球上这些无比宝贵的地方。

◆◆◆

许多伟大创意的源头，其实是想知道"哪个地方行不通"，而新的突破，则往往得益于之前的尝试——对于所有以为"我的创造力不够"的人来说，这是一个好消息。那天，萨拉·布莱克利（Sara Blakely）梳妆打扮，准备去参加派对，她想要连裤袜的塑身效果，但又不想要袜子那一部分，因为她想穿凉鞋。于是，她拿起一把剪刀，把袜子剪掉了。[16] 塑身裤 Spanx 就这样在她的灵光一闪中诞生了。但是，萨拉没有时装设计或制造方面的经验，她靠卖传真机谋生，只能利用业余时间学习尽可能多的知识，有时甚至跑出去参观制造厂。创业之初，有一次萨拉在内曼 · 马库斯①为了说服一位犹豫的买家，甚至带着这位女性顾客走进卫生间展示她的产品。内曼 · 马库斯成为她的第一个客户，而奥普拉 · 温弗瑞也宣称 Spanx 是她“最喜欢的东西”之一，萨拉从此一飞冲天。今天，萨拉当初以 5000 美元投资起步的公司每年创造的销售额已经高达数亿美元，她本人也已经成为女性创业者群体中的知名慈善家。“不要被你不知道的东西吓到，”萨拉建议说，“这可能是你最大的优势，确保你以不同于其他人的方式做事。”

萨拉身上有一种我们随处可见的严谨缜密、一丝不苟的创业精神。在凯斯基金会与全美各地的变革者合作的过程中，我们已经开始认识到，有许多领域正在等待人们去颠覆，有许多行业的现状正在等待人们去撼动。我记得几年前在奥斯汀举行的西南偏南音乐节年会上，我曾与两位年轻企业家相谈甚欢。那是一个美丽的阳光明媚的下午，但我们整天都待在酒店会议中心，与创业者们交流。人们如走马灯一般来来往往，但大卫 · 吉尔伯阿（David Gilboa）和尼尔 · 布鲁曼索尔（Neil Blumenthal）确实给人一种不同凡响的感觉。他们想要撼动一个成熟的商业领域：眼镜。

大卫和尼尔在沃顿商学院攻读 MBA 时，囊中羞涩的大卫丢了眼镜，不得不再花 700 美元配了一副。[17] 这件事促使他们思考：还

① 内曼 · 马库斯（Neiman Marcus）是美国以经营奢侈品为主的高端百货商店，已有 100 多年的发展历史。——译者注

有没有更好的方法呢？尼尔此前曾在一家非营利性组织“视力之春”（Vision-Spring）工作，这个组织致力于培训发展中国家的贫困女性，帮助她们开办企业，向那些每天挣不到4美元的人提供他们负担得起的眼科检查和眼镜。尼尔曾帮助这家非营利性组织将业务扩展到10个国家，为数千名女性创业者提供支持，并将组织的员工人数从2人增加到30人。当时，尼尔自己还没有想过把诞生在非营利性部门的点子移植到私营部门。但后来在沃顿商学院，他和大卫被大卫新配眼镜的高昂成本所震惊，两人遂考虑进军眼镜行业，并下定决心，他们不仅要建立一家公司，更要完成一项社会使命。

大卫和尼尔提出了一个简单的问题：为什么没有人在网上卖眼镜？好吧，因为有些人认为这是不可能的。一方面，眼镜行业的运营近乎垄断，销售渠道和价位受到严密的控制。高价格毫无疑问地转嫁给了消费者，哪怕这会导致一些人戴不起眼镜。另一方面，人们并不想在网上购买眼镜这一类需要经过仔细校准的高度个性化产品。再怎么样，大卫和尼尔也得要能提供时尚的镜架、完美的适戴性等多种选择方案。这些条件，网络运营的公司能满足吗？

凭借沃顿商学院风险投资启动计划的一笔2 500美元种子投资，大卫和尼尔于2010年成立了他们的公司，提供各种款式的眼镜，价格低至每副95美元，以时尚前卫的营销策略打动消费者。（他们借用杰克·凯鲁亚克某部小说中两个角色的名字将公司命名为沃比帕克。）一个月之内，他们就卖光了所有存货，并赢得了两万名顾客的订单。一年之内，他们获得了大笔融资。他们不断完善自己的理念，提供创新的居家试戴计划，建立了一系列精品零售店，并发布了一款适用于远视眼的视力测试应用软件。今天，沃比帕克公司的估值已经高达 17.5 亿美元，拥有 1400 名员工和 65 家零售店。

毫无疑问，尼尔和大卫继续通过沃比帕克公司的成功为有需要的人提供眼镜。该公司提供独一无二的“买一送一”套餐服务：沃比帕克不是简单地提供免费眼镜，而是培训和武装发展中国家的创业者来销售他们的眼镜。到目前为止，共有 400 万副眼镜通过沃比帕克的套餐服务分发出去。他们不仅提供所有人都戴得起的眼镜，更致力于让全世界的穷人都能戴上眼镜，这样一种双重承诺，使得沃比帕克成为破除固有成见、勇担社会责任的企业典范。

这无关你能累积多少财富，

也无关你能赚取多少利润，

这只关乎你能创造多大的影响和变革。

——尼尔 · 布鲁曼索尔

律师布莱恩 · 史蒂文森一生都在破除成见，而他最雄心勃勃的努力，是他发誓要让一大批仍然被种族不平等的历史陋习荼毒的人免受牢狱之灾。[18] 正如他所说：“我观众生，不能只言人过。”他的“公正司法倡议”（Equal Justice Initiative）在发起时还只能做一些零零碎碎、无关紧要的工作，但现在已经能够打赢一些特别棘手的官司，消除量刑过重和不公，还无辜的死囚以清白，直面对囚犯和精神病患者的虐待，以及为被按成人控罪的儿童提供法律援助。“在美国，这是有色人种的包袱，”他在接受《太平洋标准》（*Pacific Standard*）杂志采访时解释道，[19]“这种危险推定会对你产生影响。我们越不去谈论它，越不去挑明它，这个包袱就会变得越重。有色人种不得不绕着这些推定走，这个过程让人身心俱疲。”

布莱恩知道那种疲惫。他在特拉华州上小学一年级的时候，布朗诉教育局①一案的判决还没有起作用，他就读的仍然是一所种族隔离学校。虽然在第二年，所有学校都进行了大整合，实现了黑白同校，但他仍然不能在课间休息时爬攀登架。而每次他去医务室时，他和他的父母都要从后门进出。

布莱恩目睹了美国人与人之间存在的分歧，他很能体会那些失败的人的感受，因为他们从来没有机会弥合这一差距。“同情心的缺失可以摧毁一个社会、一个国家、一个民族的尊严，”他在自己

---

① 布朗诉教育局（Brown v. Board of Education）即布朗诉托皮卡教育局案，是美国历史上非常重要、具有指标意义的一件诉讼案。1951 年秋，奥利弗 · 布朗（第一原告）等 13 位家长及其 20 名子女对堪萨斯州托皮卡市教育局提起集体诉讼，要求校区停止种族隔离的政策，停止侵害琳达 · 布朗（奥利弗 · 布朗之女）享有的美国宪法第 14 条修正案保障的同等保护权，并主张学童不得基于种族因素被拒绝入学。该案于 1952 年上诉至最高法院，1953 年最高法院裁定隔离教育违反了宪法第 14 条修正案的同等保护权，因此违宪。美国社会中存在已久的白人和黑人必须分别就读不同公立学校的种族隔离措施由此废止。本案判决后，“隔离但平等”的法律原则被推翻，任何法律上的种族隔离随后都可能因违反宪法所保障的同等保护权而被判决违宪；同时本案也导致接下来数年美国采取一系列措施，废止一切有关种族隔离的政策；美国的民权运动也因本案迈进一大步。——译者注

的力作《正义的慈悲：美国司法中的苦难与救赎》[①]中写道，“恐惧和愤怒会使我们仇恨、嗜暴、偏激，最终我们都将尝到不宽恕的恶果——我们在宣判那些受害者的同时，也宣判了自己。越接近大规模监禁和极端惩罚，我越深深相信，我们每个人都需要宽恕，我们每个人都需要正义，而且——也许——我们每个人都需要一些本不应得到的慈悲。”

布莱恩已经通过抗辩，在美国最高法院打赢了好几起官司。2017 年，他甚至赢得了一项历史性裁决，法院裁定对 17 岁或 17 岁以下青少年处以“终身监禁不得假释”的判决违宪。

“法院向前迈出了重要的一步，承认这种强制死在狱中的判决是不公平的，在量刑时没有考虑青少年的独特性及其改造的可能性，”布莱恩对这一裁决评论说，“法院已经认识到，青少年在刑事司法系统中需要得到额外的关注和保护。”这是正义的慈悲，放下我们的成见，让真正的正义取得胜利，哪怕这样做构成了对整个社会的挑战。

所有“豪赌”，最常见的一个共同点，就是它们在得到证明和肯定之前，经常要公开挑战世俗成见，或者藐视公序良俗。豪赌的人通常也是如此，和他们的伟大创意一样，他们也经常被低估。如果你听别人说“这事儿搞不定”，那么你要知道，你也许已经在做一件大事了！本章的故事告诉我们，伟大的创意可以来

① 此书英文原名 *Just Mercy: A Story of Justice and Redemption*，本处使用 2015 年 11 月上海三联书店出版的中文版译名，译者于霄。本处所有原书引文亦采用这一中译版的译文。——译者注

自任何地方，可以来自任何人，有时甚至包括那些全世界都想不到的人。你能否直面那些对你或你的创意的质疑，把那些怀疑论者当作鞭策你前进的动力？你能否用一句话回答他们的疑问："看我的！"

04

先知先觉，成为观察者

发明创造不能被群众意见牵着鼻子走。亨利·福特的名言是："如果我问人们他们想要什么，他们就会说'更快的马'。"创造新现实的远见者必须能够"先知先觉"，知道哪些是别人做不了的。当汽车出现时，人们的思想立即转向这种新装置的缺点，也就是风险。新事物总是这样。想想我们现代人对无人驾驶汽车的恐惧。许多历史上最重要的创新都来自那些远见者，他们不得不停下脚步，等待世界赶上来。

当某种先进事物被主流接受后，人们很容易忘记原来的生活是什么样的。现在，谁还能想象没有互联网的生活？但就在 1995 年，有计算机的家庭还只占 1/4。当美国在线于 1985 年成立时，整个美国离上网还远着呢。当时只有 3% 的美国人上网，而且他们平均每周只上网一小时。几乎没有什么工作需要计算机技能，也没有人随身携带智能设备。我特别清楚地记得那些我们听过无数次的话，"为什么我需要电子邮件？"或者"我的公司不需要连接到互联网"。

但我们肩负的使命，是实现思想和信息访问的全民普及，为此，我们向世界提供了一种引人注目的解决方案。我们坚持自己的愿景，花了 9 年的时间才使客户数量达到 100 万家，达到 200 万家却只用了 7 个月。今天有些人甚至不再使用计算机了，而是使用新一代平板电脑或智能手机。

“先知先觉”需要观察趋势的发展方向，或决定开始新的趋势。[20]亚马逊就是这方面的一个例子。在人们对将信用卡信息放到网上还感到紧张的时代，亚马逊就能让消费者对在线购物感到非常满意，以至于现在的人可以放心地让企业存储他们的信用卡信息，跟踪他们的购买情况，并针对他们可能喜欢的其他商品提供个性化推荐。

亚马逊的创始人杰夫·贝佐斯（Jeff Bezos）是我相交多年的朋友，我俩的友谊可以追溯到科技行业早年的创业时期。那时，亚马逊还只是一家成立没多久的初创企业，完全是一场豪赌。在很多方面，杰夫的人生故事都是无畏原则的完美体现，堪称美国梦的化身。杰夫出生时，他妈妈只有 17 岁，还在上高中。后来，妈妈在杰夫 4 岁的时候嫁给了一位古巴移民，而我们这些认识杰夫的人都目睹了杰夫的父母在他生命中扮演的不可思议的角色。青少年时代的杰夫总是去得克萨斯州的一个牧场找他的外祖父母过暑假。在那里，他从小就开始做家务，干杂活。随着年龄的增长，牧场的劳动也逐渐让他变得更加机智和自信。他在接受《商业内幕》（*Business Insider*）的采访时说：“我们修理风车，铺设输水管道，修建栅栏和谷仓，还修好了推土机。”他讲述了很多源自牧场劳动经历的体会和感悟，还有从脚踏实地地解决问题到团队合作的重要性。

从普林斯顿大学毕业后，杰夫在华尔街取得了成功。1994 年，他已经是一名年轻有为的对冲基金经理，但他决定告诉父母他想要创办一家互联网公司。他父亲的第一个反应是“互联网是什么？”而杰夫已经被互联网高速增长的数字迷住了。在读到互联网一年内就增长了 2 300% 后，杰夫四处寻找能够在网上卖什么产品。他研究了 20 种不同类别的商品，最后才选择主打图书。他的父母是第一批投资者，拿出了他们的大部分积蓄。杰夫后来说，他们赌的不是这个创意，因为他们根本就不理解这个创意。他们赌的是自己的儿子，哪怕杰夫警告他们有 70% 的可能会失去自己的全部投资，他们也没有动摇。

杰夫告别待遇优厚的华尔街职场，一头扎进了新兴的科技市场。此时，他并不知道自己的风险投资会有怎样的结果。但正如他后来解释的那样：“我知道，当我 80 岁的时候，有些事是我永远都不会去想的，比如为什么我会选择在年中离职，那是最糟糕的时段，1994 年全年的华尔街奖金跟我再见了。这种事情到你 80 岁的时候已经不会让你扎心了。但是，与此同时，因为没有参与过这个叫作互联网的东西，我知道我会真心感到遗憾，而我认为它会成为一个革命性的事件。当我这样想的时候……做出决定就实在太容易了。”这是他的豪赌。

新的发现往往包含意外之喜。

——杰夫 · 贝佐斯

结果他还真干出了一番事业。一个月内，亚马逊官网的销售额就达到了 20 000 美元。一年后，杰夫获得了 800 万美元的融资。1997 年公司上市。第二年，亚马逊开始销售音像制品，很快又开始销售其他产品，包括电子产品、家居用品和玩具。

亚马逊逐渐成长为美国最成功的公司之一，但在这个过程中，杰夫的革命性模式也引起了一些争议。经济学家保罗·克鲁格曼（Paul Krugman）声称，亚马逊“拥有太大的权力，而且它在以一种损害美国利益的方式使用这种权力”。他的观点得到了一些人的支持，他们将零售额下降归咎于亚马逊。其他人则认为杰夫不是这种下降的始作俑者。他只是发现了一种趋势，成立公司并从中获利，但同时他的企业也迎合了消费者的需求：更多的选择、更大的便利以及更具竞争力的价格。

亚马逊一直在不断创新，四处寻找新的机会。当杰夫在 2007 年推出 Kindle 电子阅读器时，只有 20 000 本电子书可供下载。而到 Kindle 上市销售时，亚马逊已将电子书的品种增加到 90 000 本。今天，亚马逊的 Kindle 商店有超过 500 万本电子书，其他平台上还有数百万本。亚马逊的流媒体视频服务以及像 Alexa 这样的智能设备也得到了世界各地千家万户的欢迎，为亚马逊进军和颠覆其他市场创造了条件。

杰夫·贝佐斯的故事早已为众人所知，而每天还有无数人在尝试先知先觉，进行自己的豪赌。在这些人中，我最喜欢的一位是 2016 年度百万美元 TED 奖获奖者、国家地理研究员莎拉·帕卡克（Sarah Parcak）。[21] 而最开始让我对她的工作感兴趣的，是她的头衔——空间考古学家。她的推特账号 @ IndyFromSpace 更进一步增强了我的好奇心。莎拉是一位充满活力的女性，对自己的领域充满极具感染力的热忱。她利用最新技术寻找这个星球上最古老的建筑物，发现隐藏在地表下面的文化宝藏——被时间和自然因素掩盖的古迹，如金字塔和寺庙。多亏了莎拉，原来只能在有限的数据指引下开始挖掘的考古学家们，现在可以直接被引导到最有可能找到古物的“热点地区”。

莎拉认为，她在缅因州班戈的成长经历为自己的事业提供了灵感。她回忆当年花几个小时在海滩上寻找沙钱的趣事。“这些贝壳很难找到，”她说，“它们被沙子覆盖，很难看到。但是慢慢地我越找越顺手，沙滩上的一些形状和图案，能帮助我把它们找出来。”对于莎拉来说，挖贝壳逐渐培养出一种图形识别技能，进而发展为一股寻找地下宝藏的热情。迄今为止，她对卫星技术的创新使用已经引导人们发现了 17 座以前未知的金字塔。

但莎拉的梦想并不止于此。她的愿望是，让世界各地的人担任“公民科学家”，参与识别和保护那些神圣的文化遗址，免遭 ISIS 或古董走私贩这类人的威胁，不让他们找到或破坏。莎拉的愿望为她赢得了 TED 大奖，站在 TED 的舞台上，她宣称：“考古学家是我们之前曾经存在过的数十亿人民和成千上万种文化的文化记忆保护者和文化代言人。我相信，还有数以百万计未被发现的考古遗址等待着我们去发现。发现它们的唯一意义，就是释放我们生存的全部潜能。”

寻找和保护世界各地古代遗址的迫切需要，激励着莎拉构想更加宏大的计划。莎拉知道，有待人们发现的遗址估计会高达数百万个，即使是 200 名左右的空间考古学家付出巨大的努力，也无助于简化解决问题的难度。那她的宏伟设想呢？通过创建和培训一支 21

世纪的全球探险家大军，使考古学和寻找古代遗址实现全民普及。她将利用自己的 TED 奖金建立一个众包网络平台，以“公民科学家”为基础，让全世界的公民都有机会搜索和识别隐藏在各处的历史遗迹。这种“大数据”方法将会引发一场全球探险的革命，公民们将会对从太空中拍摄的数百万个小“拼图”或正方形区域进行查辨分析，找出各个国家数以万计的潜在古代遗址和特征。在成果最多的贡献者中，有一位 90 多岁的老奶奶。20 世纪 50 年代，她和丈夫在自家后院里挖出一块化石，从此让她的考古热情一发不可收。而这一事例也说明，无论是谁，无论来自哪里，都能为保护世界各地的文化遗产贡献自己的一份力量。

正如本章所展示的那样，许多豪赌都是在观察趋势的发展方向或决定开始新趋势的过程中发生的。虽然没有水晶球这样的东西，但很多豪赌仍然被付诸实施，因为总有人会大胆地设想一个与众不同的未来——一个尚未被他人预见的未来——并且坚持不懈，寻求实现这样一个未来。你想看到什么样的世界？你想建立什么样的未来？关键是不要理睬那些志不同道不合的人，坚持不懈地追求你自己的目标。

05

为重要的事情挤出时间

上高中时有一天，我和校长同行，他问我在某个目标方面取得了哪些进展。“我好像找不到时间来完成它。”我有点羞怯地答道。他停住脚步，看着我的眼睛，说：“你不要坐等有时间去做重要的事情，而要为重要的事情挤出时间。”这是我铭记至今的一条经验，我的日程一定要安排做真正重要的事情。

你的个人或职业生涯里有没有豪赌过？你今天做出的决定，可能会影响未来发生的事情。你建立的关系、专业背景，乃至你如何使用自己的个人时间，都加在一起，就是一笔巨大的投资。所以问题是，你要达到什么目的。毕竟，随波逐流还是要容易一些，因为你不需要停下来检查自己的道路是否越来越接近目标。

帕克兰高中的学生天天去上学，想的无非是考试、毕业这类事情。而他们平凡的生活被一次大规模枪击案打破了。他们没有准备好，谁又能准备好应对这类事情？但他们中的许多人把这场悲剧当作一次机会，推动迫切需要的变革。布莱恩·切斯基和乔·杰比亚没有什么资源下任何赌注，更不用说豪赌了。但是当一个问题需要解决时，他们选择脚踏“实地”——真的是实地哦，放在地板上的充气床垫——从零开始，提供了一个解决方案。萨拉·布莱克利开始时除了一个创意和5 000美元，别无他物，但她有韧劲，有毅力，坚持不懈，为美腿大业跑断了腿，终于让Spanx投入生产。杰夫·贝佐斯则对发展潮流给予密切关注，因为冰球大帝韦恩·格雷茨基（Wayne Gretzky）的一句话启发了他——要看“冰球去哪儿，而不是在哪儿”。

那么，你该如何开始？

憧憬未来，拒绝接受既定和默认的人生位置，对你来说意味着什么？有很多人做过这样的尝试，成效极大。首次提出无人驾驶汽车的概念时，给人感觉像是科幻小说，但今天它们已经快要上路了。无人机送货服务也是如此。我们可以很容易地想到，未来有可能淘汰电视机和固定电话。我们还可以想象净水输送系统、清洁燃料技术以及尚未发明出来的食物来源。从你所在的位置开始，想一想这些对你来说意味着什么。你能参与创造哪些尚属想象的未来？

“预测未来的最好方法就是去创造它。”这句名言的出处说法不一，有人认为是亚伯拉罕·林肯说的，也有人认为是管理大师彼得·德鲁克说的。但不管是谁说的，都不影响这一观点的价值和意义。一旦你有了值得豪赌、值得拼搏的机会，就要马上着手尝试。首先明确你的大目标，然后将其分割成可以管理和控制的小步骤。每个创意，无论多重要，总要迈出第一步。然后，当你知道自己要去哪里时，要做出承诺。想想看，有多少大胆无畏的成就，都能追溯到做出承诺的那一刻。当年，肯尼迪总统说，“我们选择在这十年里登月”。目标实现了。我曾和一位听众聊起肯尼迪总统的登月承诺，当时屋里一位宇航员的妻子指出，肯尼迪谈到将人送入太空时，还说过：“将他安全地送回地球。”那也是肯尼迪豪赌的重要组成部分。你的“登月计划”是什么？你将如何让它一步一步成为现实？

豪赌，拼搏，就要稳步专注于你真正的目标：能够推动你前进的目标。对我来说，就是坚持不懈地为他人赋能。真正的目标才是你的指路明灯，它永远不会改变，不是工作，也不是其他什么努力，但它总会带领你到你要去的地方。

研究本章介绍的变革者时，我发现他们都在寻求建立一个在某些重要方面与众不同的世界。对于芭芭拉·范·达伦来说，它是一个战士们可以回家寻找支持和安全感的世界。对于蕾切尔·苏梅克来说，它是一个大学生不会挨饿的世界。对于阿斯特罗·泰勒来说，它是一个可以利用技术来解决“无解”疑难的世界。对于帕克兰的学生们来说，它是一个由把孩子们的生命看得比枪支重要的社会组成的世界。对于尤妮丝·施莱佛来说，它是一个身患残疾也无法阻止自己取得胜利的世界。

所有这些人，给我触动最大的地方，是他们来自五湖四海，来自各个阶层。他们中的许多人都是凡夫俗子，与你我没有什么不同，而他们的不凡之处，就是他们对梦想的热情，以及让美梦成真的决心。

2

清单 2

远离舒适区

大部分人都在选择自己擅长的事

帮助大脑练习战斗

当好“接盘侠”

为“可能”冒险

行动起来，寻找“勇敢区”

06

大部分人都在选择自己擅长的事

我站在电线杆的顶部，一动也不敢动，低头看着 30 英尺之下的教练。“我觉得我做不到。”我沮丧而尴尬地喊道。作为拓展训练的一部分，我报名参加了这次冒险。小组中有 6 个人，当教练问我们谁自愿第一个上时，我举起了手。但现在我有点儿后悔了。

练习的目标是爬上 30 英尺高的直杆，然后再走过一根水平放置的 30 英尺长横杆，到达另一侧的直杆。活动的名字是“孤立无援”，而这正是我现在的感受。我已经在第一根杆子上站了好几分钟了，心怦怦直跳，双腿抖个不停，而我的 5 个队友就在下面看着我。虽然我系着安全带，但一想到我要在这根细窄的横杆上走上一步，我就吓得挪不动腿。“我真觉得我不行。”我又说了一遍，努力把眼泪憋回去。

“你可以试试。”教练说，这几个字真的改变了我未来几年的人生，至少我是这么认为的。我可以试试。如果我失败，掉下去了，那又怎样？我系着安全带呀！我不想成为那个放弃尝试然后灰溜溜下去的人。我想面对我的恐惧，我想承担后果，不管那是什么样的后果。

所以我在横杆上迈出了第一步，然后是第二步，第三步。慢慢地，我摇摇晃晃地沿着横杆往前走。走了大约 1/3，我开始失去平衡。就在这时，我听到下面有人喊："你可以的！保持专注！继续前进！"我停下来稳住自己。站在半空中，我能抓住的最近的东西至少也有 10 英尺远，我深吸一口气，继续在横杆上走下去。从某些方面来说，后面这几步——在差点儿掉下去之后又继续前进的这几步，比第一步更具挑战性。我继续往前走，抵达折返点后只给自己留了最短暂的喘息时间，然后就转过身沿原路返回。当我的双手终于抓住我爬上来的那根杆子时，下面爆发出一阵欢呼声。回到地面上，每个人都对我报以热烈的掌声，赞美之词不绝于耳。

我取下安全带，双腿仍然止不住地哆嗦，不过很快我的注意力就被"步我后尘"的其余 5 个人吸引了过去。全部完成练习后，我们围成一圈，交换体会和心得。

讨论中，教练饶有兴趣地看着我。"上面发生了什么，吉恩？"她问道，"你有什么感觉？"我承认我很害怕。我以为我做不到。然后她问了一个以前从未有人问过我的问题："你是不是觉得，大部分时候你选择去做的事情，都是你知道自己在生活中一定很擅长的事情？"哇……我从来没有考虑过这个。但经过反思，我意识到，是的，大部分时候我都是这样做的。我的成功通常都来自我有一定程度的自如和自信的领域。"你有什么想做但又不敢做，因为你害怕自己不擅长的事吗？"教练问道。我坐在那里想了好久好久。她建议说："你为什么不列个清单呢，把你一直想做，但又因为害怕自己不能出类拔萃而拒绝去做的事情列出来？”

我回到自己的房间，真的列了一份清单。其实上面也没几条，不过我仍然惊讶地发现，我对冒险是如此不适应。虽然我当时并不知道，但这份清单确实为我开启了一种新的生活方式——一种能为我带来更多满足和快乐的生活方式。

现在离那天的“孤立无援”已过去了十多年。我的人生更加丰富多彩，因为我现在会有意识地去做一些我不确定自己一定能做好的事情。没错，有些事搞砸了，但我为自己没有向恐惧低头感到骄傲，而且这种骄傲之情也冲淡了失败之后的失望和沮丧。登山，练习跆拳道，戴上呼吸器与鲨鱼一起潜水，在南极洲的海冰上漫步……尝试这样的新事物总是令人无比振奋。然而，比身体上的冒险更重要的，是我敢于冒险的精神和意识，已经灌输到我的生活和工作中，什么时候我觉得舒服了，自在了，什么时候我就需要改变方向了。

我一直被那些伟大探险家的故事所吸引。出任美国国家地理学会最高管理委员会主席，让我有机会认识许许多多的新面孔，他们全力以赴，想尽办法，把世界展现在我们每一个人面前。在他们中间，一位名叫伊丽莎·斯基德莫尔（Eliza Scidmore）的女性令我尤为感动。[22] 她在 1892 年成为美国国家地理学会最高管理委员会的第一位女性委员，虽然比我早了一百多年，但我总感觉与伊丽莎心意相通。她也是美国心脏地带的孩子，1856 年出生在美国中西部。伊丽莎的母亲和我妈妈一样，也想为自己和孩子们营造一个更好的生活环境。她与丈夫分手后，带着两个孩子搬到华盛顿特区，在那里经营一家寄宿旅馆。在熙攘繁华的首都，伊丽莎觉得她的世界开阔了许多。她的身边尽是外交官、政治家和军官将领，其中许多人从遥远的地方旅行回来，讲的是各地的美丽风光和冒险传奇。这些故事在潜移默化之中使伊丽莎对地理产生了浓厚的兴趣，她经常对着地图钻研好几个小时。“旅行一定是我的天性，与生俱来。”她在 1890 年接受一次采访时说，“我的幻想总是和其他国家有关。”

在伊丽莎生活的时代，独自旅行对任何一个单身女人来说都是非常困难的，更不用说是去那些伊丽莎渴望前往的未知地方冒险了。但她很有决心，因此她找到了一种非常聪明的方式来获得自己想要的东西。19 岁从欧柏林学院毕业后，伊丽莎当了一名记者，经常署名“E. R. 斯基德莫尔”，让人从名字上看不出是男是女。不久，斯基德莫尔“先生”变得非常受欢迎，这为伊丽莎赢得了足够的资金来资助她的新闻之旅。她的第一次重大旅程是作为一名乘客，乘坐轮船前往阿拉斯加的荒原，在那里她记录了当地部落和第一批白人定居者的故事，字里行间满是这片尚未被人类染指的净土散发出来的雄伟和壮丽。1885 年，她出版了阿拉斯加地区的第一本旅行指南，彼时离这块土地成为美国第 49 个州还有将近 75 年时间。

伊丽莎的哥哥在美国驻日本领事馆工作，在他的陪伴下，伊丽莎在远东地区四处旅行，并向本土发回一篇篇文笔生动的游记。1890 年，她加入了新成立的美国国家地理学会，成为该杂志第一位女性作家和摄影师。伊丽莎的环球之旅，足迹遍及印度、中国、爪哇（现在的印度尼西亚）、朝鲜、俄国等许多国家或地区，她帮助美国国家地理在探索未知地区的自然和人民方面建立了卓越的声誉。在一个女人“理应”顾家主内的时代，伊丽莎却以探险家的身份名扬天下。

第一次访问日本时，伊丽莎看到了她后来称为“世界上最美丽的东西”——日本樱花。她确信这些美丽而娇嫩的花朵大可以为她祖国的首都增添一份优雅气质。于是，她开始利用自己日益增长的影响力，大力提倡在华盛顿“泥泞且没有吸引力”的潮汐湖（Tidal Basin）湖畔种植日本樱树。伊丽莎用了 20 年时间才实现这个计划，而她和当时的美国第一夫人海伦·塔夫脱（Helen Taft）成为促成此事的重要推手。她们的宏愿终于为美日两国官员所知晓，也让这个想法得到越来越多的支持，最终形成一股汹涌的民意。1910 年，日本政府赠送了 2000 棵樱树作为礼物。今天，这些樱树已经成为华盛顿春天的代名词，是伊丽莎在我们这个世界上留下的永恒印记。

这是你的路，你一个人的路。

其他人可以陪你走，但没人能代你走。

——鲁米①

历史上，可供我们效仿学习，为自己的冒险事业提供借鉴的探险家比比皆是。[23] 就拿欧内斯特·沙克尔顿爵士（Sir Ernest

① 鲁米（1207—1273）在波斯文学史上享有极高的声誉，他与菲尔多西、萨迪、哈菲兹齐名，有“诗坛四柱”之称。——译者注

Shackleton）[①] 来说吧，正是在他的领导下，人类完成了首次南极大陆的穿越之旅，他的这次著名探险也成就了人类历史上的一段传奇。他的船距离南极大陆只有一天航程时，冰海上漂浮的大块大块的浮冰将“坚忍号”团团围住，令船动弹不得。一连数月，沙克尔顿和他的部下在船上挣扎求生，只能依靠军纪来维持秩序，分配和分担维持其生存所必需的任务。在海冰的挤迫下，“坚忍号”的木板发出令人毛骨悚然的咯吱咯吱声，并最终被冰挤裂沉没。这个过程很慢，所以沙克尔顿有足够的预警时间，把他的人组织在一起，卸下救生艇，拖着小船横穿冰面去向尚未冰封的大海。他们的计划是：航渡几百英里，穿越这片世界上最恶劣、最危险的海域。

仿佛奇迹一般，船员们抵达了象岛（Elephant Island），并在那里建立了一个大本营。但沙克尔顿知道，如果大家都待在这里，是等不来救援的。于是，他带上 5 名船员再次启程，划着一条小木船穿过危机四伏的大海，前往数百英里外的南乔治亚岛（South Georgia Island）。抵达南乔治亚岛后，他还要翻越横亘在眼前的一道冰雪覆盖的山脊。但他必须向前，因为他的队员还在象岛上等待救援。最后，沙克尔顿终于找到一个居民点，并在那里安排救援自己的船员。这是一次令人刻骨铭心的冒险，但所有人都活了下来。

---

① 欧内斯特·沙克尔顿（Ernest Shackleton，1874 年 2 月 15 日—1922 年 1 月 5 日），英国南极探险家，出生于爱尔兰的基尔代尔郡。以带领“猎人号”于 1907—1909 年向南极进发和 1914—1916 年带领“坚忍号”的南极探险经历而闻名于世。本文所述沙克尔顿事迹即为“坚忍号”的探险经历。需要说明的是，沙克尔顿的这次探险并非真正横贯南极大陆，而是在南极外围的冰面和岛屿间进行的。1922 年，沙克尔顿在南极探险过程中因心脏病发作去世。——译者注

沙克尔顿的精神成为现代 MBA 领导力课程的研究对象，他的故事被写成书，拍成了电影。而这个真正无畏的男人和他的传奇，也激励一代又一代探险家踏上开拓新疆界的征程。但是在他探险失败之后的几年里，每当被问及他遇到的最极端的困难时，沙克尔顿总会回答："说到底，困难不过是需要克服的事情罢了。"

在现在这个时代，我们可以亲身实地体验许许多多这样的勇敢时刻，而不仅仅是通过书本感受。我很幸运能有这样的机会。1981 年，我有幸赴佛罗里达州肯尼迪航天中心出席第一架航天飞机"哥伦比亚号"的发射仪式。来自佛罗里达州的国会代表团应邀见证此次发射，我当时的上级、国会议员 E. 克雷·肖慷慨邀请我随行。在发射的那一刻，令人难以置信的巨大轰鸣声让我明显感觉到脚下的地面可能要裂开了。这是一种刻骨铭心的感觉。看着外形流畅的航天飞机直冲天际，我深切地意识到，那些航天员把自己的生死存亡交给了这架航天飞机，他们的个人勇气超出了我的想象。我仍然记得当时的想法，"如果他们能做到这个，我能做到什么？"

我这一辈子结识了许许多多雄心勃勃的人。他们和我谈起踏足以前从未有人到过的土地时，我能听出他们的顾虑，看到他们脸上的不适。通常情况下，利用这种不适感来推动自己前进的人，就是那些走在前面的人。他们也许做不到一飞冲天。但是，就像沙克尔顿或者我亲眼见证的飞向蓝天的那些宇航员一样，他们不弃不馁，砥砺前行。

我仍然记得 2017 年我到南极第一天的情景。那年，我参加了美国国家地理组织的一次考察旅行，刚刚从冰天雪地的陡峭山脊远足回来。我总算松了一口气，因为一路上我只滑倒了两次，毫发无损。

这时，我发现一只好奇的帽带企鹅向我们走来。这只企鹅肯定是冰上行走的行家，但它实在是太专注于打量我们了，以至于失足摔倒，肚皮着地。不过，这只企鹅丝毫不乱，泰然自若地调整了一下自己，该干吗干吗去了。它的样子逗笑了我们。但事实是，无论能力水平如何，每个人都有摔跟头的时候。关键是要恢复状态，继续前进。

那种感觉确实不舒服。我们都希望生活在人生的舒适区，但正如本章故事所显示的那样，在舒适区里干不成大事，也成不了大器。承担风险需要魄力——要能大胆进入不熟悉的领域并尝试新的且往往是意想不到的事物。突破的本质，就是人们以前从未尝试过。你是否正在考虑采取可能的行动，让自己不舒服，走入不熟悉的领域？最难的部分是向前迈出的第一步。就像我爬上电线杆，在 30 英尺高的空中摇摇晃晃时收到的建议一样，只要不断告诉自己，我可以试试。

07

帮助大脑练习战斗

与传统组织的董事会合作时，如果我问他们有关风险偏好的问题，我可以看到董事们坐在自己的椅子里不安地蠕动。甚至在寻求重塑自我的组织中也会发生这种情况。很少有人倾向于冒险。相反，我经常听到有人问："我们怎样做才能最大限度地减少或消除风险？"

但是，如果我们将"冒险"这个词替换为"研发"呢？如果把鲁莽冒进的形象换成有意而为、逐步渐进的过程，恐惧就会减弱。风险将成为探索发现这个过程的一部分，而不再是一个事关生死的问题。

我们的大脑天生就是规避风险的。在婴儿时期，我们时刻面临人身危险，所以我们的大脑已经习惯了告诉我们什么时候需要战斗，什么时候需要跑路。但是今天，我们需要帮助大脑做不同的练习，我们要学会问自己："风险的坏处是什么？风险的好处是什么？无所事事的缺点是什么？"

有时，小小地试一下水是适应和习惯"试验"理念的最佳方式。在我与许多厌险型组织的合作过程中，我经常建议它们考虑进行有限的投资，哪怕只把预算的1%用于特殊项目，测试新的想法和创意也是好的。通过这种方式，风险不再让人闻之色变，风险变成了研发。

如果与私营部门的首席执行官交谈，他们会很快指出研发是创新型公司的命根子。是的，在你发现什么有效、什么无效的过程中，有些东西会被淘汰。但正如爱因斯坦所说的那样，“只要你不放弃尝试，你就永远不会失败”。无论你是启动一个程序、开发一款产品，还是组织一场运动，都是如此。我经常听到社会部门人士的抗议，说没有资金用于研发。我的回答，则是用我们最伟大的当代创新者史蒂夫·乔布斯的话提醒他们：“创新与你拥有多少研发资金没有关系。苹果推出Mac电脑时，IBM在研发上的花费至少要高出100倍。这不是钱的问题，关键在于你拥有的人才、你的领导方式以及你从中得到了多少回报。”你不需要很大的预算来进行实验。

只要你不放弃尝试，你就永远不会失败。

——阿尔伯特·爱因斯坦

但在现实生活中，预算往往很紧张，项目的资金经常被“锁死”。在我看来，这种情况在基金会或政府计划中表现得尤为突出，因为这些计划可能有严格的协议。当非营利性组织或政府实验失败时，通常会被挂上“浪费”、“欺诈”或者“滥用”的牌子，进而阻碍更多冒险。

然而，我们都知道早期实验和经常实验有重要的价值，因为这是在科学和医学领域取得突破的常用方法。没有实验室这种进行实验的专用空间，就没有可靠的科学或医疗机构。对于由个人和非营利性组织牵头领导的工作，我们也应该以同样的思路待之，做到这一点并不难。无论在哪个领域，每个人都应该获得充分的能力和授权，尝试和测试不同的想法或者市场机会，甚至对他们的商业模式进行微调。

在科学和医学领域，还有许多冒着巨大风险改变世界的非凡事迹。以天花为例。18 世纪晚期，天花还在乡间肆虐，死亡率高达 35%。[24] 爱德华·詹纳博士（Dr. Edward Jenner）观察发现，牛奶女工得过牛痘以后就不会再得天花，甚至直接接触这种疾病都不会被感染。于是，詹纳进行了一次以当时的眼光看无异于疯狂的实验——向健康人注射少量牛痘，测试它是否能保护人免于感染天花。200 多年后的今天，人们对于使用疫苗治疗许多疾病早已习以为常，詹纳发现的疫苗则让天花在全世界绝迹。

国家地理探险家珍·古道尔的工作可谓这方面的另一个绝佳范例。[25] 我一直珍藏着第一次与她见面的记忆。那次，她应邀出席国家地理的年度探险家研讨会（Explorers Symposium），“回娘家”的她优雅地走上舞台，并以令人难忘的英式口音讲述了她的重要工作，现场的观众为之倾倒。事实上，远在 2017 年记述她在非洲重要工作的热门电影《简》（*Jane*）公映之前，她就早已为世界所熟知。1965 年，美国国家地理就曾制作一部名为《古道尔小姐和野生黑猩猩》的纪录片，介绍她及其在坦桑尼亚贡贝溪国家公园（Gombe Stream National Park）的工作。珍早年与黑猩猩的实地工作照片被许多人奉为最具标志性的美国国家地理影像之一。

珍的一生都堪称无畏的典范。正是她对动物的热爱以及对动物研究的兴趣，驱使她在26岁时首次去非洲拜访一位朋友。当时，著名古人类学家路易斯·利基（Louis Leakey）正在从事有关早期人类起源的开创性工作，珍大胆求见。会面之后，利基当场聘请她担任秘书。她没有大学学位，但利基打算做她的导师。几个月后，已有家室并且比珍年长30岁的利基告诉她，他爱上了她。珍曾谈到她自己被这种关系的发展吓坏了，并且非常担心她不断拒绝利基的追求会给她未来从事梦寐以求的科学工作带来麻烦。尽管珍对利基没有好感，利基仍然不放弃追求她，他还为珍筹集了必要的资金，让她能够开展黑猩猩的野外研究工作。

珍没有受过传统的动物行为观察和研究规范教育，但她自己钻研了一套非常规的黑猩猩观察方法。随着时间的推移，她给每只黑猩猩都取了名字，携带速写本来记录和描绘它们的行为。不久，黑猩猩就开始定期过来找她，在野外与她互动。珍的研究带来了戏剧性的突破。她观察到，黑猩猩不仅会使用工具，还会用手头能找到的东西制作工具，从而挑战了以前认为只有人类具备这种复杂能力的传统认知。大受鼓舞的利基发来一封电报，上面写道："现在我们必须重新定义'工具'，重新定义'人'，否则就要承认黑猩猩也是人。"

后来，珍获得了剑桥大学的博士学位。她在这一领域的研究工作持续了55年，今天，珍已成为举世公认的最优秀的黑猩猩专家。珍于1977年成立了珍·古道尔研究所，赢得了来自世界各地的认可和赞誉。2002年，珍因其毕生贡献被任命为联合国和平使者。

珍的故事提醒我们，有时，即使不具备传统的研究规范，没有预先设定任何成果或目标，探索未知领域一样可以获得显著的成果。珍是成功的，看到了其他科学家没有看到过的东西，因为她对黑猩猩的世界没有偏见，没有先入为主的观念。这使她能够大胆地构建自己的研究方法，并在这个过程中改变世界。前往非洲，未经适当培训就开赴野外，还发表与她那个时代科学共识相悖的研究成果，这些都意味着巨大的风险。但她没有被吓倒，反而无所畏惧地接受风险思维，将其视为一种必要的研发。2017 年，珍重返美国国家地理，骄傲地与我们欢聚在电影《珍》的首映礼上，我怀着敬畏的心情看着她耐心且优雅地向每位嘉宾致意，并又一次被她强大的感染力以及她在自己的领域和对世界所做的非凡贡献深深折服。

◆◆◆

乔纳斯·索尔克（Jonas Salk）也曾承担巨大的风险。[26] 1947 年，刚过而立之年的索尔克出任匹兹堡大学病毒研究实验室的主任，负责开发抗击脊髓灰质炎的新药物和新疗法。脊髓灰质炎是一种会威胁生命的疾病，每年会导致 50 万人瘫痪或死亡。对我来说，索尔克的工作具有特殊的意义，因为我有一位近亲在 20 多岁时感染了小儿麻痹症。他是我父亲的兄弟，一个身材高大、英俊潇洒的年轻人，从第二次世界大战的战场回到家中，梦想着营造他想要的生活。但是，他在回国后不久就感染了脊髓灰质炎，最终瘫痪，只能靠轮椅了度余生。

在我的叔叔感染脊髓灰质炎的那个年代，科学家们认为疫苗需要含有某种“活性”病毒才能有效。索尔克想要试验含有“非活性”病毒的疫苗，希望这种方法能够使接种疫苗的人产生急需的保护性抗体，同时又不会使他们面临发病的风险。他坚信自己研发的疫苗是安全的，甚至不惜先在自己、妻子和孩子们身上使用。今天，由于乔纳斯·索尔克的贡献，世界各地报告的脊髓灰质炎病例已经微乎其微。与他的前辈詹纳一样，索尔克致力于提前实验和经常实验，由此挽救了数千万人的生命。

好消息是，实验室方法现在已经不只是科学家才能使用的方法了。由于技术的进步，测试和验证新创意的过程已经大大简化，从而降低了前期风险。使用有限的资源，快速测试某个计划或产品并不是什么新点子。焦点小组（focus groups）通常被用于确定产品的吸引力，而发布试用版进行测试的方法也已使用了数十年。今天的不同之处在于，把你的创意摆在市场面前，先征求市场意见，观察市场倾向，然后再推出真正的产品甚至是成立公司或者组织。反过来，这又创造了一种新的平等环境，有利于机会的普及和扩散。

埃里克·莱斯在自己的著作《精益创业》（*Lean Startup*）中，将这种早期的原型创作过程称为“构建、测量、学习”，并且提出了以“最小可行性产品”（minimum viable product，缩写为 MVP）的思路完成这一过程。[27] 所谓“最小可行性产品”，就是将确定产品、服务或创意是否可行所需的时间和精力降至最低限度。莱斯和采用这种策略的公司不会把时间浪费在产品的反复测试上，而是在可行的情况下马上推出新产品（通常是面向一小批忠诚客户），然后收集有关如何改进产品的反馈。

为了说明这一点，莱斯着重介绍了美捷步（Zappos）的创业故事。[28] 美捷步是一家非常成功的在线鞋类销售商，但在创始人尼克·斯威姆（Nick Swinmurn）产生网上卖鞋的想法时，人们却告诉他这个想法实在太过离谱，因为顾客必须要亲自试试鞋合不合脚。但斯威姆并没有就此罢休。他拜访了很多零售商，询问是否可以给他们的鞋子拍照片并将它们放到网上。然后，他建了一个小网站，只有一个网页，配有很多图片，为人们提供订购选项。当有人订购鞋子时，斯威姆就去实体店把鞋子买下来并负责发货。显然，他不可能长期这样干下去，但他干了足够长的时间，可以清楚地了解问题会出现在哪里，以及客户想要什么。然后，他成立了自己的公司。像美捷步这样，将改进措施融入设计流程，并邀请客户参与创新的例子还有很多。通过这种方式，风险转变为研发，机会也越来越多。

本章讲述的故事以及提供的基础数据着重强调了一种思维转变，不再将风险视为一次巨大的、可怕的飞跃，而是将其视为推进某个想法或倡议的必要条件。在充满如此多需求的瞬息万变的世界里，我们再也承担不起原地踏步、碌碌无为的代价。我们每个人都应该接受新的理念，不断尝试新的事物，找出新的办法来解决旧问题。在这个过程中，我们需要转变思想，认识到我们承担的风险其实就是我们自己必须要进行的研发，从而融入实现卓越成就的伟大进程。

我不清楚为什么大家都不鼓励让研发融入我们的生活。在进行豪赌之前，我们可以利用很长时间进行研发，不断推倒重来，从而避免止步不前。正如本章所阐明的那样，它不需要编制很大的预算或建立一个真正的实验室，关键是要有为这个过程投入时间和精力的意愿。你能找出一些事情来试验一下，从而推动你的远大理想更进一步吗？

08

当好“接盘侠”

我一生所学，很多都来自书本。我的智慧取之于书本，用之于工作。几年前，我读到一本书，它与我们在凯斯基金会的工作如此契合，以至于我们决心让整个团队都读一读。[29]我们下班后还会聚在一起，一边享受葡萄酒和奶酪，一边分享我们的读书心得，并讨论我们如何能将这本书的经验教诲运用到我们的未来工作中。那是一段我们都记忆犹新的变革时光。这本书就是史蒂文·约翰逊（Steven Johnson）的《我们如何走到今天》（*How We Got to Now*）①。在书中，史蒂文希望破除这样一种神话：创新需要有一个天才，需要有一个顿悟时刻（我们在前面也提到过这种观点）。约翰逊写道：“大创意是由更小的渐进式的突破汇聚而成的。”他接着讲述了托马斯·爱迪生的故事。我们总是频繁地将爱迪生的名字与天才联系在一起，以至于我们经常将顿悟称作“灵光一闪”。但约翰逊明确表

① 此书中文版已于2016年由中信出版社出版。——译者注

示真实情况并非那么简单。爱迪生甚至都不是第一个发明电灯的人。早在爱迪生之前大半个世纪，就已出现关于灯泡的早期专利，而且在我们今天归功于爱迪生的这项发明中，有很多部分其实是由其他几十个人申请了专利的。爱迪生真正擅长的，是充当一名快速有效的跟随者——采用已经经过测试的新创意，并将它们与新的见解、新的团队捆绑在一起。

约翰逊对爱迪生的评价是：他不只是发明技术，而是发明了一套完整的发明体系。爱迪生自己也明白，创新和迭代发展往往是齐头并进的，他公开承认自己借鉴了别人的工作。“有人形容我‘与其是一位发明家，不如说是一块海绵’，我觉得非常贴切。”他说。能够悟到这一层的创业者无疑是睿智的。再看看贝尔实验室、施乐公司以及后来一些最优秀的创新实验室，你会发现它们的团队体系就是采用了爱迪生的方法组织构建的。

也许我特别欣赏“当好接盘侠”，是因为我早年对数字在线服务行业的建立尽了自己的一份力——这些公司给了我们许多人第一次上网体验。我主持推出了美国第一款纯粹的在线服务“溯源”（The Source），这是一个面向消费者的基于文本的信息工具，具备早期的电子邮件和会议功能，内容从百科全书到股票报价，可谓应有尽有。那些容易限制规模和主流接受度的致命缺陷在当时并不那么明显。例如，这些激动人心的服务在电话线上的传输速度是300波特。300波特是多少？相当于每秒传递300字节的数据。而今天的内容传输可以高达每秒1亿字节。所以它真的很慢。有多慢？那时候下载一首歌曲平均需要花费40个小时，而且还很贵。使用这些服务需要先交 100 美元的用户注册费，每小时还要收取 7 美元到 20 美元不等的使用费，具体取决于你在一天中什么时间上网。

尽管如此，这种缓慢而又昂贵的服务仍然是一个非常有吸引力、有潜力的创意，因为它实现了信息和通信访问的全民普及。而且这是一个吸引无数追随者投身其中的创意。不要在意那些磕磕绊绊。这些服务有可能改变人们的生活、工作和娱乐方式，进而创造一个公平的竞争环境。但是这个过程会有一些反复。

在另一家在线服务公司（也倒闭了）待了一段时间之后，我终于找到了一家能够向世界介绍新事物的初创企业。公司的创始团队由三位核心人物组成：史蒂夫·凯斯、马克·塞里夫和吉姆·基姆西，在他们的带领下，这家初创公司大显身手，把“接盘侠”的角色扮演得有声有色。后来成为美国在线首席执行官的史蒂夫对我们周围其他初创公司的缺点看得很透，他带领团队在竞争对手以前增长受限的领域大胆实验，包括制定对消费者更加友好的定价、设计吸引人的图形界面以及采取鼓励参与、反馈和社区意识的“会员制”策略。他的努力成功了。经过创业初期的打拼，我们到达了一个临界点，吸引了更多人加入。在其鼎盛时期，美国在线拥有近 3000 万用户，成为第一家上市的互联网公司。

但是，如果不了解美国在线如何从之前那些服务的成败中汲取经验，是讲不好它的故事的。史蒂夫明智地领导美国在线成了一块好“海绵”——关注市场信号，不断演化发展，改良产品。虽然美国在线率先进行了许多激动人心的创新，但史蒂文·约翰逊所说的“更小的渐进式的突破”也令它受益匪浅。

接下来，美国在线进行的创新，又令脸书、谷歌和推特受益匪浅。这些公司的创始人在谈到美国在线时，都承认早年受其影响很大，例如马克·扎克伯格在高中时就曾“黑”过美国在线的即时通（AOL Instant Messenger）。而这些企业本身就仿佛是美国在线向世界提供的各项服务的升级版。脸书看起来有点像美国在线会员页面的新一代版本，推特就像美国在线的即时通，而谷歌则相当于美国在线早期内容搜索引擎的重大飞跃。创新者可以研究前人工作的不足之处，充分借鉴失败的教训，从而实现重大飞跃或进行新的豪赌。

大胆进取是有感染力和感召力的，它们会对其他人产生影响，进而放大这种进取本身的作用和影响。穆罕默德·尤努斯（Muhammad Yunus）是小额贷款运动的先驱，他也因此赢得了诺贝尔奖。[30] 尤努斯四处演讲，宣传小额贷款的力量，描述如何通过它帮助世界各地聪明勤奋的创业者实现梦想，而其中很多人恰恰都是穷人。他的演讲深深打动了台下的听众，其中就有杰西卡·杰克利。当年还是一位小姑娘的杰西卡激动万分，觉得自己也能投身这一事业，于是她辞职来到非洲，创建了基瓦（Kiva）——世界上第一个提供在线小额贷款服务的非营利性组织。起初，她并没有多少资源可以利用，只有一台数码相机和一个网站。但她和基瓦的联合创始人马特·弗兰纳里（Matt Flannery）就从这样的一穷二白起步，给需要小额贷款的人拍照片，把他们的故事发回国内，讲给朋友和家人听。到第一年年底，他们的公司已经贷出了 50 万美元的小额贷款。虽然自那时起，十几年来每年的贷款金额总在波动，但时至今日，已有累计来自 83 个国家或地区的 250 多万借款人获得了逾 10 亿美元的贷款。一笔贷款的金额可以低至 25 美元，项目均为众筹，因此每笔贷款都涉及多个贷款人。不过请记住，这些钱不是无偿捐赠，还款率高达 97%。那些参与这一事业的人可以看到，他们的小小注资引发了一场全球性运动。在印度，一位童养媳出身的妇女使用 570 美元的贷款办起一家面料厂，雇用了两个人，外加她的丈夫；而在约旦河西岸，由 69 位贷款人众筹提供的 2 000 美元资金，让一家山羊牧场焕发出勃勃生机。

杰西卡让我刮目相看的一点是，虽然有很多东西她既不知道也不拥有，但她决不因此被吓倒。起初，她只知道她可以做一件事——讲故事和拍照。但随着时间的推移，她也能够获得与大型慈善组织同样的全球影响力，因为她做的不是那种施舍式的慈善，而是在真心实意地帮助别人。小额贷款的接受者以他们的方式实践着“从现在做起”，而他们的影响也远远超出了自己的小公司。他们用自己的行动告诉身边的其他人，一切皆有可能。

许多人注意到，小微企业不仅在不发达国家创造了很多机会，在美国也产生了积极的影响。[31] 小微企业不仅可以创造额外收入，帮助人们摆脱贫困，还可以为服务不足的社区带来有价值的产品和服务，帮助在衰败中挣扎的市中心重现繁荣。从亚特兰大的礼品包装商店 That’s a Wrap!，到田纳西州的餐饮公司 BBQ Rowe，再到底特律的古着店 Mama Coo’s Boutique，只要你够机灵，有胆量，再加上愿意提供一小笔贷款的好心人的滴水相助，每个人都可以创办一家美国味十足的企业。

◆◆◆

我丈夫天生就是一个不断尝试新事物的人。如今，史蒂夫正在推行一项名为“余者共裕”（Rise of the Rest）的倡议，为全美国的企业家提供创业资金。[32] 他带着媒体和投资者，乘坐一辆大巴往返于美国东西海岸之间，参观那些往往被投资者忽视，但却曾是大多数《财富》500 强公司创立的地方。在这些城市，他会花上一个星期发掘当地的人才、创新和机遇。我总感觉史蒂夫的一部分灵感来自我们在美国在线工作时发起的“让美国在线”之旅，当年那次巡游也是跨越了整个美国，四处寻找那些预见到了未来并希望“入伙”的人。现在，史蒂夫每到一个城市，都会尽力去寻找那些期待进行豪赌、敢于冒险并能帮助新公司蓬勃发展的人，那些像你我这样下定决心，从现在开始无所畏惧的人。美国心脏地带的城市开始团结在拥有新点子的企业家周围。投资者也开始觉醒，意识到越来越多的优秀人才和激动人心的新业务正如星星之火一般，燎遍我们这个国家的每一个角落。

生活中处处需要创新。创新不仅发生在喧嚣闹市，也发生在僻静农村。例如，年轻的第五代农民贾斯汀·诺普夫呼吁农民拒绝一些已经主导农业数百年的传统智慧，希望能拯救我们这个星球上最宝贵的资源之一：土壤。[33] 正如米丽亚姆·霍恩（Miriam Horn）在《牧民、农民和渔夫》（*Rancher, Farmer, Fisherman*）中解释的那样，贾斯汀对他的家庭农场有一种深深的情感寄托。他的祖先作为自耕农来到堪萨斯州，已经在同一片土地上辛勤耕耘了 160 年。20 世纪

30 年代从堪萨斯州的农田吹走数十亿吨表土的沙尘暴，仍然留在诺普夫家族的记忆中，难以忘怀。人们普遍不了解的一个事实是，土壤侵蚀仍然是当今农民面临的挑战，并且对地球的未来构成了严重威胁。超过 1/3 的地球生物依靠土壤维系生存，维持宝贵的光合作用，为我们提供食物和氧气。一旦土壤受到破坏，就会将碳危险地释放到地球大气中。

科学不一定是贾斯汀的幼年兴趣所在，但开始务农以后，他慢慢见识了严重干旱、危险风暴和极端高温的威力。14 岁时，贾斯汀的父亲给了他一块土地，让他自己去打理。因此贾斯汀亲身经历了为种好地而与大自然发生的各种冲突——水土流失、野草丛生，以及农作物产量下降。

但贾斯汀对这片土地的热爱从未动摇过。高中毕业后，他前往堪萨斯州立大学继续求学。在那里，一位教授颇为激进的新理念——保护土壤微生物，对他产生了很大的影响。教授鼓励他的学生们调整自己的耕作方法，专注于保护土壤。大约在同一时间，贾斯汀得知一位大学朋友的老家附近就有个农场主在进行水土流失的防治工作。贾斯汀来了兴趣，便和朋友挤上一辆厢式货车，横穿堪萨斯进入内布拉斯加。后来，贾斯汀将那段时间称为“曙光来临的时刻”。他们在内布拉斯加州看到的技术被称为“免耕”，所使用的机器能够在不耕田的情况下种植农作物，基本不会干扰土壤丰富的生物多样性。“免耕农业”还涉及农作物的轮耕，可以增加土壤中的养分，限制虫害。

贾斯汀简直不敢相信自己的眼睛。他兴奋地把这些技术的消息告诉了父亲和兄弟，并制订了一个计划，使用有限的几块农田对新方法进行测试。他们商定先从 14 英亩的一小块农田开始，并根据这块地的情况适当扩大规模。仅仅几年之后，贾斯汀就发现使用这种新技术让他的农田产量增加了三倍。很快，在农场的 4500 英亩土地中，采用免耕工艺进行耕作的土地越来越多。

从那时起，贾斯汀逐渐成长为免耕农业运动的公认领导者，传播他的知识，帮助他人学习可持续农业经验，在提高产量的同时保护土壤。凭着保护地球宝贵资源的一腔热情，贾斯汀走进华盛顿特区建言献策，成为这一时至今日仍在不断扩大规模的运动的拥护者。

贾斯汀的故事提醒我们，即使在一些最传统的行业部门，也总会有新思维孕育成长的空间。但它同时也强调了在将新思想付诸实践的过程中，精斟细酌、三思而行，要比那种“把身家全押上”式的孤注一掷的鲁莽做法更有价值。贾斯汀希望迎来一个新的农业时代，能够满足一个越来越拥挤的世界的需求。

有意思的是，大胆进取往往源自某个切中要害的问题。就拿亚历山大·格雷厄姆·贝尔（Alexander Graham Bell）来说吧——顺便提一下，他曾在早年的国家地理学会担任会长，他的母亲在他 12 岁时失去了听力，他花了很多年的时间寻找不同的技巧与她交流。贝尔对声音技术和通信的关注源于他的个人奋斗，他将个人热情倾注到自己的职业中。作为波士顿的一位知名聋哑教师，贝尔一直在创新，以帮助听障人士这个群体进行交流。许多人认为，正是贝尔与他的学生——5 岁就失聪的年轻女性玛贝尔·哈巴德（Mabel

Hubbard）的婚姻，进一步强化了他与这一领域的联系，让他的商业开发有了主心骨。几乎没有哪些发明创造能像亚历山大·格雷厄姆·贝尔的电话那样如此深刻地改变了整个世界，但在讲述这个故事的时候，人们往往忽略的一点是，这一切都始于贝尔试图解决的一个问题。

09

为“可能”冒险

20世纪80年代，我在通用电气担任营销经理。当时的我以为自己的职业生涯已经步入坦途。通用电气的管理发展培训是世界闻名的，我很幸运被选中——这通常意味着一个光明的未来。然后我接到了一个电话。隔壁的一家初创公司特别想劝我加入，主持它的营销工作。当时我在通用电气销售的是 款名为“GEnic”的早期在线服务产品。这也是我起初决定去通用电气的原因。我进公司的时候深信，这样一个备受推崇的品牌一定会尽其所能，投入海量预算，让更多的人上网，从而使GEnie占据市场主导地位。不过，当我熟悉了自己的工作以后，我发现事情并没那么简单。通用电气在其他市场的主导地位限制了它在这个新兴领域施展拳脚，让它没有那么大的胃口来承担巨大的风险。承诺给我的大笔营销预算附带了很多意想不到的前提条件。公司成熟产品和服务的预算是根据它们创造的收入确定的。而GEnie是一款新产品，所以我这个部门拥有的一切，只是对投资GEnie一定会产生未来收入的坚定信念。我们的主张并没有得到总部的强有力支持。大人物们希望把关注的焦点放在实实在在的东西上，而不是天上掉馅饼似的白日梦。

就在这个时候，我突然萌生出一个念头，跳槽到这家刚刚筹集完新一轮资本的初创公司。为了建立一个更加互联的世界，跳槽似乎已经成为更靠谱的一条路。但是我身边亲朋好友的反应还是让我吃了一惊。“从通用电气辞职？你疯了吗？”他们问的时候连声音都高了八度，“你都不知道这家新公司能不能活下去。你为什么要把一切都置于危险之中？”我开始有点犹豫了。但是最终，我还是觉得“最大的风险就是不冒风险”，坚持迈出了这一步。我加入了这家后来成为美国在线的公司，帮助建立了一项服务，为引领互联网革命并改变无数人的命运尽了一份微薄之力。

回首往事，我感到那是一段用任何东西都换不来的宝贵经历。但在当年那段时间里，当试图吸引更多的人才加入我们的初创公司时，我们总会遇到一些人，不愿意为有可能干成的一件惊天动地的大事，拿自己的岁月静好去冒险。直到今天，那些放弃和我们一起坐上火箭一飞冲天的人，还经常向我坦承他们的遗憾。

冒险的重要意义不能只从生意和事业的角度考虑，还要从人生的角度衡量。例如在养育子女的过程中，敢不敢让孩子们冒险就是一个关键因素。越来越多的研究认识到允许孩子去冒险的重要意义，这是促使其健康成长的重要一环。当我的孩子们还小的时候，作为妈妈我也在这个问题上犹疑过、抗拒过。我的第一直觉是保护他们，所以让宝宝们冒险总是让我提心吊胆。具有讽刺意味的是，我清楚地认识到，孩提时代的我是愿意冒险的，而这对于培养我的韧性和独立性特别有帮助。有时，需要其他人施加一点影响——合作伙伴、朋友、亲戚或其他家族成员等，他们可以带来不同的视角，帮助找到合适的平衡点。哪怕多了解一点关于这一主题的重要研究成果，父母们也能受到更多鼓励，同意让孩子们在生活中合理地冒冒险。《今日心理学》曾发表过一篇题为《冒险游戏：为什么孩子们喜欢它并且需要它》的文章，作者彼得·格雷博士（Dr. Peter Gray）是这么说的："我们剥夺了孩子们自由自在进行冒险游戏的权利，表面上是为了保护他们免受危险，但这么做，我们会害他们以后精神崩溃。儿童的天性就是这样，通过要冒险的容易诱发情绪波动的游戏来学会自控，掌握情绪恢复能力。从长远来看，我们阻止这种游戏对他们造成的危害，要远大于允许他们游戏。更何况，我们剥夺了他们的乐趣。"[34]

◆◆◆

整天琢磨如何保护好既得利益，待在舒适区里不愿出来，比开辟一条新路要来得容易。然而正如乔什·林克纳（Josh Linkner）在他的专著《破坏式创新》（*The Road to Reinvention*）中所说："事实证明，力图安全才是最危险的。"[35]

事实证明，力图安全才是最危险的。

——乔什·林克纳

柯达谨小慎微、只求无过的故事就很有警示意义。[36] 1888 年，乔治·伊士曼（George Eastman）创建柯达，由此拉开柯达传奇的大幕。虽然那时摄影仍然是一种相对年轻的艺术形式，但伊士曼捕捉到了全民普及的机会，让这项当时只在专业摄影棚有限使用的技术最终走向广大消费者。1900 年，柯达推出一款名为布朗尼（Brownie）的相机，易于操作，结构轻巧，专供业余爱好者使用，售价仅为一美元。对于柯达来说，相机中使用的当时以 15 美分价格出售的胶卷才是经常性的利润来源，确保公司能够继续发展和创新。后来，柯达甚至成为"摄影"的代名词，人们用"柯达一刻"来形容生活中令人难忘的美好时刻。

到了 20 世纪 70 年代，柯达工程师史蒂夫·萨森（Steve Sasson）和公司首席技师吉姆·舒伊克勒（Jim Schueckler）测试了一种新技术，可以在不使用胶卷的情况下在屏幕上生成摄影图像。一家全靠销售胶卷维持生存的公司能够进行这样的实验，本身就是一次无畏的创举。当时，柯达的销售额高达数十亿美元，占据了 70% 的胶卷市场份额。它敢不敢冒险，将其重心投入到可能破坏其核心业务的新领域？最终，柯达没有迈出这一步。考虑到要保护其利润丰厚的胶卷业务，公司很难接受这种革命性的数字成像技术，也未能对这一技术进行充分投资，从而为竞争对手打开了大门。而人家也确实就这样做了。来自日本的竞争对手富士胶片（Fujifilm）向消费者提供的产品价格更低，吞噬了柯达在传统胶片领域的市场份额。与此同时，数字市场出现爆炸式增长。到 2003 年，数码相机的销售超过了胶卷相机，柯达的产品线几乎全军覆灭。2012 年，公司申请破产保护。在 19 世纪曾使摄影全民普及的这家公司，拒绝冒险，错失了向 21 世纪跃进的机会。

与柯达截然相反的是像网飞（Netflix）这样的公司，它经历了几次迭代发展，彻底改变了自己的商业模式，始终立于潮头，驭势而行。[37] 最初，联合创始人里德·黑斯廷斯（Reed Hastings）和马克·伦道夫（Marc Randolph）的设想很简单，就是成立一家客户友好型的电影租赁公司，可以将影片直接送到客户家门口。当年，黑斯廷斯弄丢了从录像店租的一盘《阿波罗 13 号》影碟，为此交了 40 美元的滞纳金。大感肉痛的他突生灵感，为什么不向客户收取一笔月租费，让他们把以前租的片子寄回来再选一部新片接着看呢？接下来，网飞乖乖地当了一块好海绵，认真观察其他竞争对手的缺点，创造了让人刮目相看的消费者体验。“方便”，好评。“快速发货”，好评。“价格便宜”，好评。“轻松退换”，好评。“没有滞纳金”，好评。“大片库”，好评。网飞大获成功，淘汰了实体店的电影租赁模式，像百视达（Blockbuster）这样的大公司从此一蹶不振并最终退出了市场。

但网飞的团队没有躺在自己的功劳簿上睡大觉，他们又打造了新的视频流媒体服务，力图在对抗竞争对手的同时保持其在视频传输业务上的领导地位。不过这次转型并不像里德·黑斯廷斯希望的那样顺利，定价结构的变化疏远了许多租赁 DVD 的老客户，后来就有了网飞闻名世界的那次客户道歉[①]。不过，网飞仍然以非凡的胆略进军流媒体，坚持创新，拒绝守成。到2013年，公司拥有的客户比以往任何时候还要多。这是一次巨大的有风险的转折，但它成功了。

网飞本来可以继续当一家成功的视频流服务商，但它决定进行另一次被许多人视为疯狂的飞跃——开发原创节目。公司也再一次被人预言即将大祸临头。一家流媒体服务商怎么指望与美国各大电视网，或者HBO以及Showtime竞争？关键是高质量的节目制作。从《纸牌屋》(*House of Cards*)和《女子监狱》(*Orange Is the New Black*)开始，网飞逐渐成为顶级原创电影和电视节目的代名词，其成绩之出色令亚马逊等其他公司也纷纷效仿。毫无疑问，当原创节目制作市场饱和或不再有助于网飞保持优势时，里德·黑斯廷斯还会再次寻求转折。

我又想起另一个经典的转折故事。[38]不算很久以前，一个名为Odeo的播客平台诞生了。凭借良好的业绩记录和商业计划，Odeo的创始人成功吸引到了早期资金。但就在他们开始建立自己的客户群时，苹果宣布将把播客纳入其成熟的iTunes平台，从而把Odeo

---

① 网飞在2011年决定将DVD租赁业务和流媒体业务分拆，其旗下主营流媒体，DVD业务则启用新名字：Qwikstr。这个决定激怒了用户和媒体，华尔街损失惨重。原本用户只要订DVD就能看流媒体，现在如果想看流媒体，需要另外付一笔钱，等于价格上涨了60%。这样的变故导致网飞当年第三季度流失了80万个订阅用户。然后黑斯廷斯给客户写了一封“致歉信”，表示：“流媒体业务与通过邮递租赁DVD业务正日益成为两块截然不同的业务，其成本结构也截然不同，收益不同，而且销售方式也不同，因此我们需要将这两块业务分开，让它们独立成长并运营。”——译者注

赶出了市场。

几乎在一夜之间，由首席执行官埃文·威廉姆斯（Evan Williams）领导的 Odeo 意识到必须开发另一种应用程序，好让自己的平台生存下去。公司发动员工献计献策，三位现在已成传奇的团队成员——杰克·多尔西（Jack Dorsey）、比兹·斯通（Biz Stone）和诺亚·格拉斯（Noah Glass）——提出了微信息的概念：包含 140 个字符的短博客更新，可以发送给朋友或者平台上的“粉丝”。Odeo 重新定义了它的使命：让每个人都有能力立即生成、分享想法和信息。这次快速的转折造就了一家今天已经为我们所熟知的公司——推特。

那些不愿意承担风险的人呢？索尼影业（Sony Pictures）长期以来一直哀叹它在 1998 年那次失败的交易，而那笔交易本来可以让它获得漫威（Marvel）旗下所有超级英雄的电影版权。[39] 当时，索尼第一次接触漫威娱乐（Marvel Entertainment），希望获得蜘蛛侠的电影版权，而彼时正在挣扎求生的这家漫画公司则向索尼提议，以 2 500 万美元的价格将所有尚未授权的角色的电影版权统统卖给索尼，包括钢铁侠、雷神和黑豹。不，索尼回答，它只想要蜘蛛侠。它不愿冒险买一堆可有可无的边缘角色回来。结果，漫威当然只把蜘蛛侠的版权卖给了索尼，价格不过是 1 000 万美元外加 5% 的毛利分成。

索尼把漫威送上了一条不太可能成功的路——向电影制作公司转型，但这条路漫威走得如此成功，以至于它在 2009 年被迪士尼收购时，价格已经超过了 40 亿美元。因为漫威知道，观众愿意看到把一系列角色搬上银幕，而这一点却是索尼领悟不到也不愿意冒险去争取的。漫威大片《黑豹》不仅成为投资大赚的爆款，更以其几乎全黑人的演员阵容上升为一种文化现象。在公映后的一个月内，该片在全球狂卷 10 亿美元，现已成为美国有史以来票房收入第三高的电影。

这部电影的幕后还藏着另一位大佬——迪士尼公司。迪士尼很聪明地在漫威刚刚开始走上坡路的时候收购了它。[40] 过去的十年里，在首席执行官鲍勃·艾格（Bob Iger）的领导下，迪士尼为了保持领先地位对自己进行了彻底改造。艾格需要应对来自各方面的威胁，尤其是流媒体服务的增长，同时还要更多着眼于未来，不能满足于已有的成绩。他认识到，迪士尼这块由沃尔特·迪士尼打造和培育的金字招牌，需要跟上市场的快速变化。自作多情的感情用事只会导致软弱麻痹和思维狭隘。艾格决心不让迪士尼发生这种情况。

如果你想在一个混乱的世界中茁壮成长，
你就必须要灵活敏捷，随机应变。
——鲍勃·艾格

即使是个人，往往也不愿意拿自己已经取得的成就去冒险。绝望的环境孕育出来的突破如此之多，并没什么好奇怪的，因为在这种情况下人们已经没有什么可失去的了，一无所有自然一往无前。相反，我们越是成功，反而越不愿意拿大好前程去冒险。

道理虽是如此，但人和组织尝试新事物的意愿显然会因人而异，因组织而不同，所以衡量你的风险承受能力非常重要。人类的史书中记载了许许多多奇思妙想以及创意不凡的公司，但它们都失败了，现在早已湮没无闻。对于每一家立志成为新一代“美国在线”的企业来说，更要注意有很多公司和创意都走上了“溯源”和 GEnie 的老路，而这两个网络项目最终并没有实现突破。一旦了解了自己的风险承受能力，你就可以开始构建一个框架，要么遵守它，要么限制它，要么寻求超越它。始于自觉，成于勇气。

对于许多人来说，人生的遗憾往往与他们做过的事情无关，而是与他们希望自己去做但却根本没有做的事情有关。是否曾有一次豪赌或大胆努力的机会召唤过你，而你却告诉自己做不到，与它失之交臂？本章的故事证明了抓住时机会产生何等巨大的作用，也凸显出选择一条更舒适的路径，或者对于呼唤你投身变革大业的号召不予响应的悔恨。一定要把不愿冒险的弊端记下来，然后离开自己的舒适区，尝试一些新事物来推进你的豪赌吧。

10
行动起来，寻找“勇敢区”

“舒适区”孕育不出伟大，这是现实。于公于私，都是如此。“勇敢区”往往才是让我们见识真正精彩传奇的地方。在取得成功之前，你要承担一定的风险，或者反复地尝试探索。但是无论你怎么做，开启一场你无法预测结果的实验之旅都需要勇气。

在《别再打稳妥牌》（*Stop Playing Safe*）一书中，作者玛吉·沃瑞尔（Margie Warrell）提出了从恐惧心态向勇敢心态转变的概念。[41]她写道，这个过程始于一个基本的挑战：“知己所以然。”也就是说，只有当你真正明白自己，真正明白哪些才是对自己最重要的东西之后，你才会产生大胆行动的勇气。沃瑞尔指出，世界各地的研究表明，全球有高达50%的劳动者不相信他们所做的事情很重要。如果你连对自己重要的东西都不去追求，又怎么能取得伟大的成就呢？

在一个以目标为中心的世界中，很容易将成功视为让你感到舒适的彼岸。对于许多人来说，在自己选定的事业上站稳脚跟并取得成绩是非常艰苦的。在打拼的过程中，人们很容易在忧惧惕厉之心淡去之后止步不前。但如果你想在世界上做出大胆的改变，你就必须继续前进。

正是这种不懈追求使你与众不同，卓然而立。但这并不意味着你发现前面有悬崖也要义无反顾地往下跳。先从成为一名优秀的观察者开始。在观摩别人的大胆行动时做好笔记，然后每天自己小试牛刀。每做成一件你认为自己不可能做成的小事，都为你下一步努力成功积聚了力量。

我们身边正在进行各种各样的实验。但在这个快节奏的世界里，我们不能总是停下脚步，等待某项持续30年的研究或者某个双盲测试组出结果。我们不能等着环境条件臻于完美再行动——一个实验即将完成时，我们就需要考虑下一个实验了。如果我们认为出现了某种干扰，就必须先看看出现了什么情况会挑战我们的假设，或者是不是有更好的解决方案。正是这样一种思维方式让苹果这样的公司保持领先，把那些不那么灵活、规模往往更大的企业甩在了后面。中途改变你的商业计划或你的人生计划是世界上最可怕的事情，但是我们中间又有谁甘心做百视达而不想当网飞呢?

你必须做你认为自己做不了的事。

——埃莉诺·罗斯福

话虽如此，但勇敢并不是鲁莽。学习美捷步这些公司的经验，一次大胆迈出一步。稳步推进。熟练运用递次求近的迭代法。进步通常意味着吸取教训，完善之前的经验，把赌注下得更大更好。

如果出现需要你马上解决的问题，无论是新的业务、新的产品还是新的社会企业，在着手应对之前，你需要首先搞清楚谁已经做了什么来试图解决这个问题。了解已经采取了哪些迭代步骤，可以节省宝贵的时间和金钱。研究成功的经验，总结失败的教训。请记住，成就伟业，天资并不重要。先从当一块好海绵做起。

说真的，我这辈子大部分时间对于冒险都不是很适应。我还在努力奋斗，让自己变得无所畏惧。但我能做的，就是通过锻炼，克服我的恐惧，迈出前进的第一步。我想你也可以。

清单 3

重视失败

建立“安全桌”

失败的教育

“被剥夺”的力量

立足长远的智慧

行动起来，向失败学习

11

建立“安全桌”

当我谈论自己的失败时，我的心脏仍然会狂跳好几下。我不是一个能说会道的人，很容易陷入自我怀疑、推诿埋怨甚至绝望之中。每个人都会在人生旅程的某个时点产生这样的情绪——每个人！不过，我们所谓的“阅历”其实是由接下来发生的事情定义的。并非所有失败都有一个幸福的结局，但大多数幸福的结局背后都有一个失败的故事。

对于那些取得了非凡成就的人，如果你仔细审视他们的人生，总会在某个地方找到一个失败的故事。有时候你真的需要仔细去找，因为随着人们翻过一页页人生篇章，他们几乎无一例外，都会对自己的故事进行美化，让人听起来好像一切都算无遗策、计划周详。但是，如果我们不能诚实面对自己的失败，就会对其他人，尤其是年轻人，造成伤害。我去大学做活动的时候，总会特意谈论自己的“失败履历”，讲述在我的职业生涯中没有做到位的事情，包括一些堪称史诗级的失败。我经常在主持人热情洋溢地把我介绍给观众之后揭自己的短，在我痛说失败历史的过程中，观众首先会流露出难以置信的样子。但是随着我的讲述，他们的脸上会慢慢浮现出另一种情绪，那是一种放松感的流露，因为他们意识到，在追求更加美好的目标的过程中，人人都有可能在前进中失败。或者，正如我想引用的那句日本谚语："跌倒七次，第八次还是要爬起来。"

只有敢于经受重大挫折的人，才能获得伟大的成就。

——罗伯特 · F. 肯尼迪

我们每个人都失败过，也许是在婚姻、人际关系、社交场合这方面，也许就是单纯让别人感到失望。我当然也不例外。这样的经历都很痛苦。我们在职业生涯中遭遇的失败往往还会有更多人知道。这种滋味我深有体会。当我面临职业生涯中最困难的失败时，我知道我需要做出选择，是藏起它，粉饰它，还是坦白承认它。

我所说的失败就是"游戏泵"（PlayPumps），这个项目是凯斯基金会发起的最雄心勃勃、令人兴奋的计划之一。我们的目标是为 10 个撒哈拉以南非洲国家的数百个村庄提供干净的饮用水。我们喜欢这项技术——使用儿童的旋转木马抽水，进而生成清洁的饮用水。你可以把旋转木马想象成一个侧卧的风车。我们知道，人需要干净的水，而孩子们喜欢玩耍。这个方案似乎是双赢的。

第一次听到这项技术的介绍并了解其部署的商业模式时，我们相信它具有巨大的潜力。于是我们加入项目，帮助创建"游戏泵"国际—美国分部（PlayPumps International-US），作为筹款和营销组织来支持该计划。我们在 2006 年克林顿全球倡议大会上大张旗鼓地启动了这一项目，站在我两侧的一位是当时的第一夫人劳拉·布什，另一位是前总统比尔·克林顿。与我同台的还有我的丈夫史蒂夫和慈善家雷·钱伯斯（Ray Chambers，现为联合国秘书长卫生特使）。

这项新技术在刚刚起步时确实带给人们很多惊喜，很多鼓舞。数十个合作伙伴加入我们，支持这个项目。计划开始的几年里出现了一些小问题，但我们耐心地与当地合作伙伴合作，确保问题都得到了圆满的解决，项目的进度也令我们感到满意。

但是经过几年发展，越来越多的问题不断涌现，我们意识到这个计划没有达到所要求的高标准。我们的团队花了一年时间试图解决一线报告的若干缺点，以便能让计划重回正轨。但我们逐渐意识到，我们无法确保计划落实的规模或质量。当时，我们面前有三个方案，需要做出艰难的选择。第一个是死扛到底，但越来越多的证据表明这是不明智的。第二个是果断放弃，并将时间和资金投向别的地方。第三个方案是退后一步，重组，尝试以更有效的新方式前进。我们认为第三种选择是正确的。毕竟，我们的信念没有改变，向民众提供清洁的饮用水，是我们这个时代的一项伟业。但我们不得不承认，可能需要其他更好的方式来推动这一事业的前进。2009 年 5 月，我们的董事会决定另辟新路。

我还记得当时坐在董事会的桌子旁，讨论如何发布公告。凯斯基金会的办公室是用玻璃墙隔断的，所以每个探头张望的人都能看出我们的沮丧之情。这令人难以忍受，因为在非营利性组织的工作中，人们不想谈论失败。我们讨论是否可以安静地退出，寄希望于这次失败能够躲开公众的监督。但最终，我们知道自己必须承认和接受这样一个事实，即我们追逐的机会已经最终演变成我们无法克服的挑战。我们希望承认自己的不足，分享我们的经验教训，也许还可以帮助我们和其他人尝试效果更好的新方法。

我的心像堵了一块大石头，但我仍然决定做出公开声明——用一篇书面文章坦承失败，我给它加了一个标题：痛承无功。[42] 写完之后，我感到片刻的恐惧，因为我意识到这一步迈得实在好大——向外界公开宣布“我们失败了！”

我坐在那里，心里害怕极了，好长时间不敢点击发送键。但当时我并不知道后来的事情是另外一个样子。文章一发布到网上，我马上就收到公益界很多朋友的电子邮件和电话，感谢我以如此公开的方式承认和接受失败，并让大家都知道，在面临真正棘手的挑战时，克服困难、取得成功是一件多么艰难的事。回想当年我们这个开诚布公、高度透明的决定，我意识到，尽管下这个决心很难，但那一刻已经成为我们无畏之旅的起点。有些朋友在回复中甚至提出新的建议——为合作伙伴创建一种“安全桌”机制，让大家能够聚在一起谈论自己的失败，这样就可以共同学习，总结经验。这个想法后来成为现实，早期的一些会议逐渐发展成为范围更加广泛的聚会。在这些“失败的盛会”上，我们公开承认，在努力创新和解决重大问题时，我们并不能做到永远正确、战无不胜。通过这些活动，我们致力于让人们重视失败，帮助别人从我们的错误中吸取教训。

我们还改变了凯斯基金会工作成果的评估方式，编制了一份绿—黄—红评估量表。绿色表示工作进行得比较顺利，黄色表示需要进行调整，而红色则代表这方面的努力有可能会失败。不过，在某次年度评估中看到我们的各项行动计划都没有红色时，我没有感到欣慰，反而有点担心。我与团队进行了坦诚的讨论，指出如果我们的项目组合看不到一点红色，也许恰恰说明我们的魄力不够。

凯斯基金会和大家一样都不喜欢失败，但我们知道，如果追求非凡的成就，我们就必须承担非同寻常的风险。如果我们尽力了，而结果仍然不尽如人意，我们不会炒谁的鱿鱼或者扣谁的钱。相反，我们会奖励那些敢于突破常规的人，鼓励他们去豪赌，去冒险，让看似不可能的合作成为现实。

有时，摆脱失败意味着帮助别人在我们自己失败过的地方取得成功。在我们停止支持“游戏泵”之后，我们与“人民之水”组织（Water For People）建立了新的合作伙伴关系，它将“游戏泵”纳入一个范围更大的解决方案集合，供非洲农村选择。这个过程就是慈善专家露西·伯恩霍兹（Lucy Bernholz）所说的“在前进中失败，在失败中前进”。[43]

由于社会部门的工作经常会对人们产生直接影响，同时非营利性组织高度依赖捐助者的支持，所以往往对错误的容忍度偏低。这就导致许多组织有严重的避险心态，喜欢把失误藏起来不让人知道。但是，如果非营利性组织把自己的失败捂住不说，也就剥夺了别人引以为戒的机会。

重视失败对私营部门来说也很重要。看看今天那些伟大的企业，不管是谁，成功之路都少不了低潮坎坷，都需要创新思维，都需要进行重大路线调整。在本书前面的章节中，我们介绍了由阿斯特罗·泰勒领导的 X 实验室。阿斯特罗不仅坦然接受创意的失败，他和他的实验室甚至致力于失败。在 X 工作的人期待失败——这就是他们弄清楚什么有用、什么没用的方式。阿斯特罗曾以“庆祝失败的意外收益”为题进行过一次令人振奋的 TED 演讲，他说：“登月工厂是一个混乱的地方，但我们没有畏惧混乱，假装不存在混乱，而是试图让混乱成为我们的优势。我们将大部分时间用来打破常规并试图证明我们做错了。就是这样，这就是秘密。先从问题最难的部分入手。激动地大喊，‘嘿！我们今天打算怎么毙掉我们的项目？’”[44]

阿斯特罗不是在开玩笑。“我们在 X 努力工作以确保失败是安全的，”他说，“只要证据确凿，团队就会毙掉他们自己的创意，他们会因此得到奖励。他们会得到同事们的掌声。他们的经理，尤其是我，会拥抱他们，击掌相庆。他们会因此得到提拔。对终结项目的团队，我们会奖励每一名成员，不管是小到两个人还是超过 30 人的团队。在登月工厂，我们相信梦想。但是狂热的怀疑主义并不是无限的乐观主义的敌人。它是乐观主义的完美搭档。”阿斯特罗被授予“现代失败之父”的称号，并非毫无道理。

不过，阿斯特罗其实还是在沿着伟大发明家的历史足迹前进。建立 IBM 的小托马斯 · J. 沃森（Thomas J. Watson Jr.）曾经说过：“如果你想成功，就让你的失败次数翻倍。”这是很好的建议，而且他是有切身体会的。郭士纳（Louis V. Gerstner Jr.）带领 IBM 完成了最艰难的过渡，进入计算机时代。[45] 他写了一本书《谁说大象不能跳舞？》（*Who Says Elephants Can't Dance?*），专门讲述了他的这段经历。书里有一个关于沃森的故事。在“大萧条”之后的几年里，沃森增加了 IBM 的库存，寄希望于办公设备的需求会复苏。他指望赢得政府 100 万美元的招标，这在当时算是一个巨额订单了。但是，他的销售员没能拿到合同。这名销售深感惭愧，走进沃森的办公室递上他的辞职信。“怎么回事？”沃森问道。销售把这笔交易的来龙去脉做了全面的介绍，指出在哪些地方犯了错误，反思他本应该采取哪些不同的做法。他讲完后，沃森把辞职信退还给他，说道：“我刚刚在你的教育上投了 100 万美元，所以为什么我要接受这个？”

一个多世纪以来，IBM 一直是无畏的典范。在沃森的领导下，它早在 1935 年就实现了女性同工同酬，并在 1956 年表明立场，反对美国南部的种族隔离，成为首批这样做的公司之一。它也是第一批将性取向纳入其非歧视政策的企业之一。IBM 秉持高度的社会责任感和始终如一的创新品格，充分体现了长期领导者应有的精神。今天，罗睿兰（Ginni Rometty）继承和延续了这一传统，成为首位担任 IBM 董事长、总裁兼首席执行官的女性。

◆◆◆

梅格·惠特曼（Meg Whitman）是唯一一位领导过两家大型美国公司的女性，她经历过数次极为著名的失败，但她坦然面对并从中吸取教训，展现出无所畏惧的坚强品格。[46] 在 1998 年担任 eBay 首席执行官期间，梅格有一个选择——投资升级 eBay 现有网站，或者投资日本这个新兴的互联网市场。她选择了投资网站。她在接受美国全国广播公司财经频道（CNBC）采访时说：“eBay 错过日本是我在 eBay 经历的重大失败之一。”当时，eBay 是一家收入仅为 500 万美元的年轻初创公司，正在努力拓展业务规模。尽管这次失败使公司丧失了在一个重要市场的先发优势，但随着时间的推移，公司仍然在梅格的领导下取得了辉煌的业绩，销售额增长到 80 多亿美元，业务遍及 30 多个国家或地区。

eBay 之后，梅格于 2010 年竞选加利福尼亚州州长，但她失败了。竞选公职失利后，她受聘担任惠普公司的首席执行官，并将这些失败的经验教训用于新的高管工作。“我把我所拥有的一切都投入到竞选活动中，”她告诉 CNBC，“但它并没有像我希望的那样成功。我从中学到了很多东西，我认为这让我成为一名更强大的执行官，而且我觉得，也让我成为一个更坚强的人。”

我们每个人都必须扪心自问的一个问题是，面对失败，我们是否愿意再次尝试。也许你从来没有失败过，你认为这个问题与你无关。但总有一天你会失败。而且我希望你失败。让失败来得再快一点，在前进中失败，在失败中前进，重视失败，正视失败，然后再去做一些非常非常棒的事情。

我喜欢失败吗？我讨厌失败。关键不在于美化失败或以之为借口，而是承认失败是成功之母。所以，如果真的失败了，那就让它给你一个教训，然后让战胜它的经历激励你，并最终取得成功。以失败为师，引失败为鉴，才能化失败为积极，变失败为主动。

12

失败的教育

阿尔伯特·爱因斯坦曾经说过："失败是尚未完成的成功。"但很多人很难接受他们的失败除了带给自己尴尬和损失外还能有其他方面的意义。我能理解他们。我们在成功的语境中浸淫太久，以至于我们把错误看得太重，好像错误是足以毁灭人生的灾难。一出现问题，每个人想的第一件事儿就是应该责怪谁。2018 年 1 月，夏威夷紧急事务管理局的一名雇员错误地按下核警报的按钮，现在我很怀疑他会把这件事写在自己的简历里。不过，恰恰是他的错误导致了系统的改进，挽救了成千上万条生命。

很多我们崇拜的人都是在失败的基础上建功立业的，败而求变，败而后成。当年，一个名叫奥普拉·温弗瑞的新人开始在巴尔的摩 WJZ-TV 电视台参与主持地方新闻播报，观众不认识她，天天有人问"奥普拉是谁？"听得她自己都见怪不怪、习以为常了。奥普拉的主持人搭档也不喜欢与她合作。只干了七个半月，她就被电视台轰下了主持人的位置。这是一次人尽皆知的失败，差点儿让奥普拉再也翻不过身来。她还记得当时那种羞辱和沮丧的感觉。但随后，电视台又派她去主持一档名为《人们在说》(*People Are Talking*)的谈话节目。这档节目已经快要黄了，但奥普拉却在主持节目的过程中发现了自己原来毫无所知的一项天赋。她的个性和热情能够通过谈话这种形式充分展现出来。如今，奥普拉已经成为全世界最有权势的企业高管之一，而她表示，自己能有今天，完全是靠自信和自强。在2013年哈佛大学的毕业典礼演讲中，她告诉学生们，“失败只是生活试图引导我们走另一条路而已。你陷入困境，也不过是看起来要失败了……而当你陷入困境，当那个时刻到来时，有那么一阵儿感到郁闷是很正常的反应。给自己留些时间，哀悼那些你认为自己可能已经失去的东西，但是之后才是关键，要从每一个错误中吸取教训，因为每一次经历、遭遇，尤其是你的错误，都会教育你，推着你变得更加自信和自强。然后，想明白下一步应该怎么走。人生的关键是建立一套道德和情感的GPS系统，可以告诉你哪条路可以走。”[47]

做一件你认为自己做不到的事。收获失败。再试一次。
只有那些从未走过钢丝的人，才永远不会跌倒。
——奥普拉·温弗瑞

被人拒绝和排斥是痛苦的，但它可以激发创造力。史蒂芬·斯皮尔伯格(Steven Spielberg)就有一个形单影只的童年。[48]作为一位正统派犹太教徒，斯皮尔伯格说他小时候总是感到与同学们玩不到一块去，而且经常被人欺负。他梦想成为一名电影制片人，也制作了几部小型家庭电影，但他在学校过得很痛苦（斯皮尔伯格患有阅读障碍症），高中毕业的平均成绩只有 C。他想去南加州大学电影学院，但申请被驳回，最后勉强上了加州州立大学长滩分校。大学期间，斯皮尔伯格在环球影业弄到一个实习机会。他的才华终于绽放，并得到了一份导演的合同。他马上辍学，开始了自己的电影生涯。

今天，斯皮尔伯格以其诸多经典大片名闻天下，包括《外星人》（*E.T.*）、《大白鲨》（*Jaws*）、《夺宝奇兵》（*Raiders of the Lost Ark*）《辛德勒的名单》（*Schindler's List*）和《拯救大兵瑞恩》（*Saving Private Ryan*）。（E.T. 受到他父母离婚的影响，内核是关于失落而孤独的孩子们。）但他也有败走麦城的时候，只不过我们不太知道罢了。例如，他于 1979 年拍摄的“二战”题材喜剧片《1941》就遭到影评家们的一致差评。但史蒂芬说，他为自己创作的每一部电影感到骄傲。他能够欣然接受灾难，视之为创造力的源泉。用他的话来说，“每个月，老天都会塌下来砸我脑袋一回，我醒过来，看到另一部我要拍的电影”。

◆◆◆

一位老师曾经宣称托马斯·爱迪生“太笨，所以学习不好”，而他早期的职业生涯也谈不上顺风顺水，有许多次重大失败。据说爱迪生早年曾被好几家雇主解雇过。那他怎么会拥有继续前进的力量呢？爱迪生认为这要归功于他的母亲，是她赋予了自己一种超乎寻常的自信。但即便如此，在发明灯泡经历了数千次点亮失败之后，爱迪生已经成为声名远扬的失败者，正如那个脍炙人口的故事所讲的那样，一位报纸记者曾经问过他是否准备放弃。他回答说："我没有失败，只是发现了一万种行不通的方法。成功已近乎我的囊中之物。"他没有放弃，剩下的事儿大家都知道了。

然而，如果你认为成功之前一定要经历失败，那不妨再看看苹果的革命性创始人史蒂夫·乔布斯。乔布斯在取得成功之后才经历了他最大的失败。[49] 这是怎么回事呢？乔布斯在自家车库里与他的死党史蒂夫·沃兹尼亚克（Steve Wozniak）一起创办了苹果，并于1976年推出了第一台苹果电脑。1980年，公司上市。一路上经历了一些曲折起伏——1983年苹果的"丽莎"机（Apple Lisa）算是一次大型翻车事故。但公司第二年就推出了创新性的Macintosh个人电脑。

即使苹果已经组建为公司，乔布斯仍然保留了他的非传统精神。因此，在1985年，一位新任首席执行官策划了一场非常著名的罢免，将乔布斯赶出了他自己创立的公司。20年后，在斯坦福大学的毕业演讲中，乔布斯谈到了那次可怕而又痛苦的经历。[50] 但他说："我当时没有意识到，但是事后证明，被苹果公司炒鱿鱼是我这辈子碰上的最棒的事情。重新当回新手的轻松取代了成功带来的压力，不用把所有事情都搞得那么严肃。我解放了，进入我生命中最具创造力的一段时期。"

乔布斯于1997年重返苹果担任首席执行官，直到2011年于56岁去世，始终保持着反叛者的本色。苹果公司最著名的广告活动之一“非同凡想”（Think Different）是对那些不肯随大流、敢于与众不同甚至离经叛道的人的颂歌。“虽然有些人认为他们是疯子，但我们认为他们是天才。因为正是那些疯狂到极点并认为自己可以改变世界的人，最后真的改变了世界。”

在离开苹果公司的那几年里，乔布斯最赚钱的投资之一就是一家名为皮克斯（Pixar）的公司。[51] 这家公司本身也是一部从失败走向成功的历史。在乔布斯的帮助下，皮克斯成功转型，最后成为迪士尼急于收入囊中的企业。（顺便说一句，沃尔特·迪士尼是另一个从失败到成功的例子。他刚入行没多久就因为“创意不够”而被密苏里州一家报社解雇，后来成立了欢笑卡通公司，但又破产了。）皮克斯的联合创始人艾德·卡特莫尔（Ed Catmull）曾在接受采访时说：“我们需要跳出窠臼来思考失败。如果处理得当，失败反而会成为增长的机遇。我不是第一个持这种观点的人。但大多数人对这种观点的解读却是，错误是必要的恶。错误不是必要的恶。它们根本就不是恶。它们是尝试新事物的必然结果，因此应该认识到它们是有价值的；没有它们，我们就失去了原创性。然而，即使我说接受失败是学习的一个重要部分，我也意识到承认这个真相是不够的。因为失败是痛苦的，我们对这种痛苦的感受往往会破坏我们对其价值的理解。为了理顺失败的利弊关系，我们必须对痛苦的现实和由此产生的成长的收益有一个清醒的认识。”

体育运动为战胜失败提供了最常见的训练场所，因为参加体育比赛总要分出胜负，即使打成平局，至少也会失去一些时间。当我们的孩子参加体育比赛时，我们有大把的机会帮助他们应对失败。

第一课：你还有明天。体育是我们知道的少数几个竞技场之一，可以摔跤、碰撞、绊倒或丢球，然后改进提高，尤其是对一个初学者来说。这是使体育在我们的社会中如此引人注目的元素之一。在体育运动中，失败和从失败中学习是成功不可或缺的必要条件。

体育运动对人的锻炼不止是在操场上。对世界上许多最伟大的运动员来说，输球是家常便饭，任何看过超级碗、美国职棒世界大赛或 NBA 总冠军决赛的人都知道这一点。迈克尔·乔丹说："在我的职业生涯中，超过 9 000 次投篮失误，输掉了近 300 场比赛，26 次辜负大家的信任，错失奠定胜局的关键一投。我的一生中失败了一次一次又一次。而这就是我成功的原因。"或者，就像网坛巨星塞雷娜·威廉姆斯所说的那样："我真的认为冠军不是看他们的胜利，而是看他们跌倒后怎样从头再来。"

运动员还面临另一种更加痛苦的失败：足以终结运动生涯的伤病。凯莉·克拉克（Kelly Clark）曾是得奖最多的奥运会滑雪板运动员[52]。2015 年，她在挪威举办的世界极限运动会（X Games）① 上摔伤，腘绳肌从大腿骨上撕了下来，髋关节和大腿股骨之间的软骨撕裂。她双脚绑在一起，在床上躺了一个月，手术后不得不重新学习如何走路。如果换别人处在她的位置上，可能早就拿着奖牌潇洒退役了，但是凯莉拒绝让伤病就此为她的职业生涯画上句号。她做出了大胆的决定，恢复、训练和再次参加比赛——不仅仅是为了获胜，而是为了给别人带来希望。

① 世界夏季和冬季极限运动会自 1995 年以来均在美国举办。挪威仅于 2017 年承办过欧洲冬季极限运动会。——译者注

凯莉获得了参加 2018 年平昌冬奥会的资格，震惊了体育界，成为第一位参加 5 届冬奥会的滑雪板运动员。而这时她已 34 岁，与她同台竞技的挑战者年龄只有她的一半。尽管她没有获得奖牌，但仍然取得第 4 名的好成绩。在观看平昌比赛的时候，我注意到其他运动员，包括赢得金牌的克洛伊 · 金（Chloe Kim），都在仰望克拉克。

◆◆◆

理查德 · 布兰森（Richard Branson）的失败经历堪称传奇。[53] 维珍大西洋航空公司（Virgin Atlantic Airways）是他第一个同时也是最引人注目的风险投资项目，公司成立时只有一架飞机，试航时还遭到了一群鸟的骚扰。随着时间的推移，布兰森开始涉足许多业务，其中一些败得轰轰烈烈，比如想与可口可乐一较高下的维珍可乐（Virgin Cola），以及在线售车平台维珍汽车（Virgin Cars）。但布兰森是打不倒的，他屡败屡战，简直成为创业精神的一种缩影：失败，重组，然后东山再起，寻找别的创业机会。今天，布兰森的维珍集团旗下已经聚集了大约 400 家公司。“如果脸朝下摔个大马趴，那你至少也是向前摔的。”他说。

当我们想到“追随他人的脚步”这句话时，我们很少将这些脚步与失败联系起来。但本章的目的就是要证明非凡的领导者和事业高度成功的人在他们自己的成功之路上也会失败，有时甚至要经历一次又一次的失败。因此，下次失败时，请记住，你正在追随伟人失败的足迹。

13

“被剥夺”的力量

在我的一生中，我偶尔会敏锐地意识到自己与周围的人不一样，无论是因为我的背景、性别还是受的教育。这种不一样可能会导致自卑感，或者可能导致所谓的冒名顶替综合征，也就是说，让我觉得我这个人配不上我的地位，所以只能弄虚作假。

这些年来，我去过太多的场合，见过太多的人，而我总是其中唯一一个靠助学金完成学业的学生。后来，我又成为唯一一个没有拿到大学学位的人，也是董事会唯一的女性。你明白我的意思了吧。对于社会中那些“被”感觉“不一样”的人来说，对失败的恐惧可能更具杀伤力，因为我们害怕自己会被我们希望融入的那个阶层看不起。

然而奇怪的是，这种有可能被剥夺资格和权利的感觉也可以成为一种力量倍增器。那些“需要证明一些东西”的人，那些不合常规要求，换成别人早就乖乖出局的人，反而脱颖而出，达到了常人难以企及的高度。例如一位名叫奥普拉的女性，例如年轻的、似朽木不可雕的托马斯·爱迪生，还有被南加大电影学院拒绝的史蒂文·斯皮尔伯格。

在人生的低谷期，现象级畅销书《哈利·波特》系列小说的作者 J. K. 罗琳还只是一位依靠福利生活的单身母亲，正在抑郁症中苦苦挣扎。[54] 她后来说，自己知道的失败得最惨的人，就是她自己。但是，人生中的这段黑暗经历反而激发了罗琳对神秘善恶世界的想象，为她的小说打下了基础。罗琳开始着手把故事写出来，晚上就坐在咖啡馆里写。这还不算完，到她后来壮起胆子向出版社投稿时，罗琳还经历了一次又一次退稿。

2016 年，罗琳在推特上发布了早年的一些退稿信，以激励心怀希望的作家们不要放弃。[55] 有的网友留言询问她如何保持动力、继续尝试，她回答说："我没有什么可失去的，有时候这让你有足够的勇气去尝试。"许多崭露头角的作家在推特上留下感激的回答，表示她早年被拒绝的故事给了他们继续前进的勇气。

◆◆◆

1985 年，苏丹陷入一场残酷的内战。数百万人死亡，数百万人流离失所。在南苏丹，萨尔瓦·杜特（Salva Dut）的村子遭到袭击，11 岁的他不得不和其他小伙伴一起逃命，其中一些孩子甚至只有 5 岁。[56] 他们步行数百英里到达埃塞俄比亚的一个难民营，连同另外一些和他们处境相似的孩子，一起被称为"苏丹的迷途男孩"。"但我们其实没有迷途"，萨尔瓦在 TED 上谈论他的经历时说，"我们是行走的男孩。”他们遭遇过陆上的狮子和水中的鳄鱼，而他们最大的恐惧是被士兵发现，后者会杀死他们，以防止他们长大后成为抵抗战士。

男孩们最终到达营地时，发现环境太过恶劣，几乎无法生存——每天只有一勺食物，水很少，没有卫生设施。最糟糕的是，没有大人照顾他们。“迷途男孩们”不得不自寻生路。他们决定不能待在那里，于是，当时已经15岁的萨尔瓦被推选为1500名男孩的首领，带领他们前往肯尼亚的卡库马（Kakuma）难民营。这是一次需要翻山越岭、长达数百英里的旅程。在新的难民营，条件大大改善。

22岁那年，萨尔瓦作为政治难民来到美国，住到纽约罗切斯特的一户人家家里。他必须重新学习所有的生活技能，从打开电灯开关到去杂货店买东西。到美国几年后，有一天，萨尔瓦得知了一个令人震惊的消息：他一直以为已经在战争中死去的父亲，其实还活着。他前往南苏丹，与11岁之后就从未见过的父亲团聚，结果发现他的父亲因饮用受污染的水而病危。当萨尔瓦在TED演讲中说到水时，他从口袋里掏出一个塑料瓶，高高举起，现场的观众可以看到那瓶浑浊的泥汤。

萨尔瓦回到美国，在对慈善事业一无所知的情况下创建了名为“为南苏丹供水”（Water for South Sudan）的非营利性组织，开始了一场为他当年逃离的百姓提供安全饮用水的战斗。他花了4年时间，筹集到5万美元，为他父亲的村庄打了一口井。自2005年打出第一口井之后，“为南苏丹供水”组织已经在偏远村庄打出304口井，为数十万人提供服务。从很多角度看，萨尔瓦的故事都是令人难忘的，而他一直传递的信息则是那一份希望和坚持。萨尔瓦的人生主题是行走，寓意坚持和不懈。今天，遇到困难时，他说："我只是不停地行走，一步一个脚印地前进。我知道，如果你坚持下去，你将在生活中，在任何可怕的环境中成就许多美好的事情。"

萨尔瓦们的故事固然鼓舞人心，但我们是否考虑过我们中间还有一些失落的人？我们把老兵称为英雄，但正如芭芭拉·范·达伦提醒我们的那样，尽管我们为他们在战火中的勇气欢呼喝彩，在他们回家以后我们却帮不了他们什么忙。许多士兵在战场上受到心理创伤，美国至少有 20% 从伊拉克和阿富汗战场回来的老兵患有创伤后应激障碍。有太多勇敢的士兵难以重新融入社会，缺乏集体归属感，更失去了曾经无时无刻不为之战斗的使命感。他们从此潦倒沉沦，上演了一幕幕社会悲剧，而居高不下的老兵自杀率和无家可归率最让人心痛。

卢比孔小队（Team Rubicon）登场了。2010 年 1 月，海地太子港发生里氏 7.0 级地震，近 100 万海地人无家可归，数千人死亡。前美国海军陆战队队员杰克·伍德（Jake Wood）和威廉·麦克纳尔蒂（William McNulty）决定出手相助。他们与其他 6 位老兵朋友一起，募集了资金和医疗用品，飞往多米尼加共和国，物资装了满满一卡车，然后驱车前往海地。在救灾过程中，卢比孔小队发现它还可以为退伍军人提供一种重新获得自我价值感的方式，赋予他们新的目标，为他们提供新的集体归属感。

起初，卢比孔小队将自己视为聘用老兵提供服务的救灾组织。后来，卢比孔小队的一名创始成员克雷·亨特（Clay Hunt）自杀了。在亨特去世后，卢比孔小队开始将自己视为一个通过救灾为老兵提供服务的老兵服务组织。在一次打动人心的演讲中，杰克·伍德谈到了他的朋友以及退伍军人生活中的骄傲和失落："一个 18 岁的男孩从堪萨斯城高中毕业了。他加入陆军。陆军给了他一支步枪。他们送他去了伊拉克。他们在他的胸前挂上了一枚奖章。他凯旋故里，受到热烈欢迎。他脱掉军装。他不再是那个战友们熟悉的琼斯中士。他现在是来自堪萨斯城的戴夫。他再也找不到原来那种自我价值。但是你在龙卷风之后把他送到乔普林，有人又一次向他走来，握着他的手，感谢他的服务，现在他的自我价值又回来了。"[57]

◆◆◆

在慈善圈这个不太识人间疾苦的世界中，我结识的其他领导者与我的背景少有类似——曾经接受慈善救济，现在却执掌了一家基金会。因此，我第一次见到达伦·沃克（Darren Walker）时，就被他的故事深深打动。达伦讲述了自己如何克服重重困难，成为美国最大的基金会福特基金会的主席。面对福特基金会的传统、声望和巨大的规模（资产超过 120 亿美元），达伦从不讳言他坎坷的成长经历。"我以自己的往昔为荣，"他在《华盛顿邮报》上发表的一篇打动人心的采访中告诉乔纳森·卡佩哈特（Jonathan Capehart），"我不用通过研究低收入农村社会的背景环境和前因后果来了解贫困。我有过那样的生活经历"。[58]

达伦现在已是我的一位密友，他知道自己克服了巨大的困难，占据了一个常人难以企及的位置。他是来自美国南方的黑人同性恋，但他从未让偏见或其他令人生畏的障碍阻止他实现梦想。达伦独特的人生故事激励了许多人，也让他成为无数媒体追踪采访的对象。《时代周刊》甚至推选他为世界上最具影响力的100位人物之一。达伦鼓励那些已经获得地位或特权的人仗义执言，赋权授能，发挥作用，有所作为。他喜欢说一句话："我对美国的未来非常非常乐观。"有达伦这样的故事激励我们，我们知道，任何人都可以攻坚克难，战胜命运的挑战。

如果你跌倒了，也许你会因为别人的风言风语而备感压力，特别是如果你也像我一样，觉得自己的失败可能会强化有关某人有望或者无望成就一番事业的固有偏见，那你的负担可能就更大了。而我想鼓励你的是，把注意力集中在本章重点介绍的那些人身上，他们不仅觉得自己被剥夺了资格和权利，他们也确实被剥夺了资格和权利。他们不仅觉得自己与众不同，他们也确实与众不同。而他们每个人都克服了因为失败而成为众矢之的恐惧。在这个过程中，他们不仅实现了伟大的成就，还在我们考虑那些"与众不同"的人有多大潜力时帮助减少了偏见。让他们的故事激励你克服那种不安全感吧，不要让它阻挡你前进的脚步。

14

立足长远的智慧

未能考上心仪的大学时，我多希望自己那时能知道留在当地会让我在华盛顿的里根政府里谋得一份工作。当 IBM 的那份工作由于缺乏资金而陷于停顿，自己为了支付房租在一家科技初创公司打工时，我多希望自己那时能知道这份新工作将带领我开启我无法想象的职业新天地。回首往事，仍然让我记忆犹新的，是两次人生转折时那种苦涩的失落感，以及我可能永远都无法为自己找到安身之所的恐惧。当时我要有一个预知命运的水晶球该多好啊！

每个人的人生，都是一段一段的旅程。在智者眼中，人生充满祸兮福之所倚的转折。组织亦如是。我曾读过一位创始人的故事，他为公司的下一步发展设计了宏大的蓝图，做了很多计划，然后他把这些都写在一张纸上，藏到办公桌抽屉里，等待他认为时机成熟的那一刻。从某种程度上来说，这可能是明智的。但如果要进行一些大胆的尝试，可能永远都没有最佳时机可言。如果你等的时间太长，可能就错过那一刻了。是的，时机的选择就是一切，但正如谚语所说："种树的最佳时间是 20 年前，其次是现在。"

时机的选择和其他外部因素可以发挥重要作用，决定一个创意的成功，或者失败。重要的是，要清醒地认识到开创新的事业就要冒险的现实，因为在成功的路上，已经倒下太多希望成就一番伟业的个人、公司和实体。我们都必须承认失败确实发生了，而且其中有些失败是不可避免的。有 Facebook 的成功，就有 Friendster 的失败；有 Spotify 的兴起，就有 Napster 的衰落；有成功资助脑癌治疗实现突破的研究机构，就有许许多多医生和技术人员在实验室里辛勤工作，但可能永远都不会对下一代的健康产生重大影响。

有时，失败不是因为创意很糟糕，而是因为执行出了错。与成功的企业或社会运动创始人交谈，不管是谁，都会无一例外地提到自己早年创业的艰辛，没有时间，没有资源，没有世界级的人才。关键是尽早发现失败的潜在苗头，赶在为时已晚之前纠正。重要的是要坦诚地讨论什么是有效的，什么是无效的，利用其他人帮助自己找出错误，并在此过程中进行必要的调整。

2006 年，盖茨基金会宣布将斥资 130 亿美元，到 2010 年消灭脊髓灰质炎。[59] 这是一个大胆的计划，但他们相信自己可以做到这一点，那些加入他们一起努力的人也相信这一点。然而，到 2010 年，脊髓灰质炎仍在一些已经被列为重点目标的国家蔓延。

我能感受到他们的痛苦，因为我自己也有过类似的遭遇，尽管程度有所不同。想想看，你出于内心善良投入这么一大笔钱，花费这么多时间，召集让你钦佩和仰慕的各路人才，结果却发现你的努力没有达到效果。想想看这是一种什么滋味。这对比尔·盖茨来说当然是一次打击，但他并没有在失败中徘徊，而是立足长远，着眼未来。“接下来我们做什么？”他问道。这绝对是一个正确的问题。盖茨基金会的团队继续前进，继续工作，继续投入。截至本书撰稿时，盖茨基金会表示，只有两个国家还有 12 例脊髓灰质炎病例，比尔和梅琳达共同追求的目标即将实现。关键是他们从未怀疑过路线的正确性。他们从未考虑过退出。尽管经历了挫折，但他们还是立足长远，想方设法把任务完成。

在体育运动中，立足长远，不计较一城一池之得失的范例比比皆是，因为在竞技运动中，失败是家常便饭，短板司空见惯。华盛顿首都队（Washington Capitals）的老板泰德·莱昂西斯（Ted Leonsis）就是一个例子。泰德是我在美国在线时的好友兼同事，在美国在线收购了他创立的一家科技公司之后加入了我们。每个人都知道泰德是一位聪明能干的领导者，目光远大，成就斐然。当泰德于 1999 年买下华盛顿首都队这支冰球队时，他的目的很简单，就是赢得国家冰球联盟（NHL）的总冠军奖杯——斯坦利杯。然而，尽管网罗了一大批精英球员，自 2010 年以来三次在常规赛中积分最高，从而赢得 NHL 的总统奖杯（Presidents' Trophy，颁给全联盟战绩最佳的球队），并且多次打入 NHL 季后赛，但球队拼搏了 20 多年，还是功亏一篑，未能将斯坦利杯带回华盛顿特区。但是，泰德毫不气馁。他一直将拼搏创业的企业家精神视为其职业生涯的核心精神，同时，他以同样的热情不断推动成功，做出必要调整，保持比赛的顺利进行，从未失去过对整个使命的信心。在这段时间里，球迷也给予了强有力的支持，这从球队的球票收入上就可以得到证明——即使没有参加斯坦利杯总决赛，首都队仍然创造了连续400多场比赛的门票销售一空的纪录。

最后，泰德和他的球队终于在2018年圆梦成功。他们赢得了斯坦利杯，创造了历史，让奖杯第一次来到华盛顿特区。在庆祝活动中，泰德谈起通往胜利的漫长道路，他说："经历所有艰辛和磨难而登顶，这种感觉实在太美好了。这就是生活本来的样子。这就是伟业的筑就方式。这绝非易事。"[60]

◆◆◆

我经常回顾历史，品味立足长远的智慧。在你给某人贴上失败的标签之前，请想一下米尔顿·S.赫尔希（Milton S. Hershey）。[61] 赫尔希于1857年出生于宾夕法尼亚州乡村，他的父亲抛弃了这个家庭，母亲长期遭受病痛煎熬，离不开儿子的照顾。赫尔希几乎没有机会接受正规教育。14岁时，他去兰开斯特的一家糖果店工作，学习糖果制作技艺。经过4年的学徒生涯，赫尔希决定自己创业。他从姨妈那里借了150美元，搬到费城，创办了一家从事糖果生产的企业。尽管他有热情也有毅力，但生意还是在第5年失败了。赫尔希深受打击，但他没有被吓倒。他搬去丹佛和父亲团聚，并开始学习另一种糖果制造工艺：焦糖。他认为这种新糖果将风靡全美，为了寻找市场，他走遍美国，最后决定在纽约落脚。26岁时，赫尔希开了自己的糖果店，然而没过三年又关门了。

赫尔希回到宾夕法尼亚州的老家，家人认为他已经沦落为流浪汉，甚至不希望他参加家庭聚会。当时他已年近40，但仍然一事无成。是不是到了放弃创业梦想的时候了？没有。相反，他又成立了兰卡斯特焦糖公司。母亲和姨妈帮助他实验了“入口即化”的配方，最后他的公司取得了成功。1900 年，赫尔希以 100 万美元的价格出售了兰卡斯特焦糖公司。之后，他的野心更大了：巧克力。

当时，巧克力已经不能算是新鲜事物，但大规模生产技术仍然罕见。赫尔希投资购买了最新设备，在他的家乡德里帕克（Derry Park）创办了好时巧克力公司（Hershey Chocolate Company）。这个小镇后来也改名为好时镇。也许是不想让别人再吃一遍他当年创业的苦，赫尔希进行了全面规划，将好时镇建为一个能够让他的工人们享受生活的模范小镇，一个可以相对舒适地生活、工作和娱乐的地方。最后，他实现了自己的梦想。

但赫尔希留给这个世界的远远不止这些。在建立好时巧克力公司之前，他遇到了愿意与之共度余生的真爱——他的妻子凯瑟琳。后来，赫尔希夫妇发现他们无法生育，便决定将他们的慈善热情倾注到有需要的孩子身上。他们为失去双亲的男孩们开设了好时工业学校（Hershey Industrial School），这是一所职业学校，赫尔希希望学生们可以在这里学好本领，以便日后获得一份待遇不错的工作。在凯瑟琳于 1915 年去世后，赫尔希将他的大部分资产转给了学校。如今，每年有超过两千名贫困生以米尔顿·赫尔希学校为家（现在也接受女生入学了）。直到 1989 年，学校才停止要求学生每天挤两次牛奶，这是赫尔希在学校成立时定下的规矩。由于他的远见，学校拥有的捐赠基金高达 125 亿美元，比一些常春藤盟校还要高。

◆◆◆

有一个词专门用来形容那些在人生后期才取得成功的人：大器晚成。马尔科姆·格拉德威尔（Malcolm Gladwell）在《纽约客》杂志上写道："在通往伟大成就的道路上，失败的代名词是大器晚成。"[62] 这一观点肯定适用于赫尔希。我们倾向于认为年轻人在创造力和远大梦想方面有优势。然而，如果对未来有正确的态度和健康的认知，在人生后期也可以取得成功。

虽然我们认识到敢于豪赌离不开一种只争朝夕的紧迫感，但有时真要做成一番事业，还是要学会"风物长宜放眼量"。重要的是对失败要有一个正确的认识。第一局就被三振出局未必是坏事，需要放到整场比赛的背景下去考量。（有人说贝比·鲁思是本垒打的王者，但他其实也是三振出局的"王者"。）有太多的公司之所以会摔跟头，恰恰是因为它们总是担心眼前这个季度的盈利而无暇顾及长远愿景。

沃伦·巴菲特是一位成就非凡的领导者，也是许多人在生意场上的精神领袖。[63] 近年来，我有幸与沃伦在许多场合会面，例如慈善组织"捐赠誓言"（Giving Pledge）一年一度的聚会，以及其他许多商业活动或会议。"捐赠誓言"组织是由比尔·盖茨夫妇与沃伦于2010年共同创立的，代表了一大批承诺捐赠大部分财富的个人和家庭。史蒂夫和我在早年从事科技工作时就已认识比尔和梅琳达，但在加入这个组织之前，我们对沃伦的了解并不多。我总是满怀期待，希望有朝一日能与沃伦这位人称"奥马哈先知"的大神握手言欢。在这些聚会上，沃伦总能用他积累的智慧为大家带来轻松和幽默，同时又以极其严肃的态度回应世界各地令人畏惧的挑战。

沃伦是世界第三大富豪。不过他也从不讳言自己犯过许多代价高昂的错误。伯克希尔 – 哈撒韦公司坚挺的股票价格令他闻名世界，但他却在 2010 年告诉 CNBC，“我买过的最愚蠢的股票就是伯克希尔 – 哈撒韦”。他接着解释说，当时纺织业已经开始萎缩，但由于公司首席执行官的轻慢，他一怒之下购买了伯克希尔 – 哈撒韦的大量股份。结果，这家纺织公司的业绩表现简直就是拖累，比他后来以伯克希尔 – 哈撒韦的名义进行的所有其他投资都要差。在那次采访中，巴菲特表示收购伯克希尔 – 哈撒韦是一次错误，让他付出了极其巨大的代价。但是，“奥马哈先知”采取长线投资的策略，已经从他的失败中恢复过来。所谓长线投资，是指不盲从于投资风向的变化追涨杀跌，而是寻找能够创造长期价值的企业。事实上，他的全部人生都因为长线投资才变得如此成功。你知道吗？巴菲特的绝大多数财富都是 50 岁以后赚到的。从 83 岁到 87 岁，他增加的财富和他人生前 66 年一样多。在很多方面，巴菲特都是异类，但作为个人，我们至少可以选择追随他的人生哲学。

本章中的故事都是特别挑选出来的，目的是要证明在你一路上遭遇失败时坚持不懈的重要性。每一次迂回曲折，每一次幻灭失败，都会让我们变得更加强大，只要我们咬定青山不放松，哪怕登顶之路荏苒蹉跎，溯水逆风，我们最终都一定能够成功。

15

行动起来，向失败学习

敢于豪赌就要敢于承担失败的风险。为了把这条原则讲透，我们分享了很多故事，正如这些故事所描述的那样，每一位伟大的创新者都曾经失败过，但只有真正伟大的创新者找到了方法，能够吸取和利用他们失败的教训推动自己继续前进。现在你要问问自己，失败或对失败的恐惧是否会让你止步不前。

失败会让人感到难堪，所以想要掩饰自己的失败，这是人类的天性使然，无可厚非。你说你要成就一番事业，最后没有做到。但是，如果不是羞愧地挖个洞把自己埋起来，而是昂首挺胸地宣布失败，并利用这个机会总结你所学到的东西，重申你对目标的承诺，不也很好吗？我无法用言语来形容这样做带来的解脱感和自由感，我也是在经历了一路走来的坎坷曲折之后才领悟到这一点的。

同样，被人拒绝也是痛苦的，但事后再看，被人拒绝反而可能是荣誉的象征。这是我们可以从创新者和领导者那里得到的教训，他们认识到，正如爱因斯坦所说的那样，失败使他们更接近未来的成功。J. K. 罗琳尽管遭到拒绝，仍选择继续努力。阿斯特罗·泰勒将失败转化为成功的必然要素。沃伦·巴菲特提醒我们要立足长远。每当你遭遇挫折，就让这些伟大成就者的智慧帮助你重新站起来吧。

2014 年，杰夫·贝佐斯写信给亚马逊的股东：“创新的过程中难免经历失败，这是不可避免的。我们理解这一点，并相信失败趁早，迭代不息，我们就一定能成功。”他在重申托马斯·爱迪生很久以前说过的话。

现在花点时间考虑一下你自己的人生吧。也许你有失败的往昔——在那段时间，你似乎永远也无法从深深的失望中恢复过来。你现在能体会到那种经历其实是一种恩赐吗？你从人生的低谷期学到了什么？它为你创造了哪些未来的机会？

对于每次失败，都有另一种行动方式。你要做的只是去找到它。路遇障碍，不妨绕行。

——玫琳凯·艾什

我相信完美，也就是永不失败，是一个神话。我们的文化中有巨大的压力要求完美，受影响最大的是年轻人。如今，为了进入最好的学校，你不仅需要完美的成绩，还需要完美的非学术成就简历。然后，为了找到一份好工作，你需要一个完美的平均分，以及实习和更多的课外活动。难怪美国心理学会报告说，试图完美的压力导致青少年抑郁症的增加。

盖茨基金会为根除脊髓灰质炎努力的故事给我们上了非常重要

的一课。如果你没有达到目标，那就问自己，“接下来我要做什么？”成功之路是一段漫长的旅程，在道路上有高峰、低谷和巨石。当你出发前往目的地时，请记住并体会前面提到的南极探险家欧内斯特·沙克尔顿的睿智之言：“说到底，困难不过是需要克服的事情罢了。”

清单 4

开门造车

主动寻找差异

伟大的组织要靠团队协作

发现多样性

谁是最重要的盟友

行动起来，开门造车……日行不辍

16
主动寻找差异

“你在哪儿呢？”一名业务助理在电话里问道，我在开车，但幸好车上装了蓝牙联网设备。“史蒂夫和我正驾车穿越宾夕法尼亚州，我们开着房车出去玩儿一圈。”我回答。这是一个重要的商务电话，我丈夫和我都觉得应该接听，尽管电话打过来的时候我们已经在去度假的路上了。隔着电话都能听出来，对方简直不敢相信自己的耳朵。“惊着我了，”他说，“你俩怎么还玩这个？”

自从沦为空巢老人后，我和史蒂夫每年 8 月都会拖着一辆露营车出发，畅游四方，享受生活中的至简之乐，欣赏层峦起伏的乡村美景，或者陶醉于篝火晚餐带给人的那份踏实和惬意。我们甚至还随身携带了一包 25 美分硬币，好在偶尔可以洗个三分钟热水澡的时候投币不求人。

我们开车经过一个又一个地方，探访小镇、乡间鬼屋、纪念碑和公园，饱览美利坚大地的锦绣河山。对我们来说，这些公路旅行是一种探险。虽然我是中西部的工人阶级出身，但史蒂夫和我现在住在华盛顿特区，过着衣食无忧的优越生活。所以，这些旅行有助于我们体察各地民情，了解民间疾苦，广泛接触与我们所熟悉的完全不同的人和物。我们经常会遇到沿海大城市里的人不屑一顾的人。但我们发现，无论去哪里，都会获得新的启发，油然而生的尊重和敬畏久久不散。那些经常被忽视或误解的地方，其实也孕育着许多机遇，面临着许多挑战，只不过有时被我们碰巧发现罢了。

在前不久的一次旅行中，我们去宾夕法尼亚州东部的产煤区游玩。那是一个阳光明媚、格外清爽的 8 月天，我们行经一个曾经繁荣的矿业小镇，循着当地餐馆的评论找一家餐馆吃饭。我们沿着主街行驶，路边不时闪过荒凉和废弃的景象。一般来说，在别的镇子的主街上，我们不太容易找得到足够大的停车位来停我们家的房车，但这一回我们可算能由着性子随便停了。我沿着路边停好车，然后跳下车缴足停车费。

我们顺着大街找到 M&M Redzone，这是一家体育酒吧，在 Yelp 上拥有五颗星的好评，在 TripAdvisor 上也排名第一。我们坐下后，店主鲍比·穆奇伦过来帮我们点餐。他向我们推荐费城牛肉奶酪三明治和秘制鸡翅，我们自然恭敬不如从命。在等待美食的时候，我们问起小镇和他自己的经历。像所有美国故事一样，鲍比的一生充满了曲折。他在小镇出生长大，大学毕业后离开家乡，在一家电话公司找到工作，当了一名电话接线员——这个工种现在已经不存在了。工作期间，鲍比有机会接受了当时最新的 PBX 系统的技术培训，这是一条很好的职业道路，他就一直干到前不久退休。回到马哈诺伊市（Mahanoy City）后，正好有个机会能买下 M&M

Redzone，鲍比就买下了它。他的曾曾祖父曾经是这家店的店主。

马哈诺伊市也面临着全美各地城镇面临的挑战。据报道，这个曾经繁荣的小镇，人均酒吧数量一度超过美国的任何其他地方，而如今它却在竭尽全力抗击衰落，寻找生机。鲍比告老还乡，希望他的老家有一个新的未来，但是对于像他这样的人来说，经济衰退以及由此带来的毒品、失业、低工资等问题积重难返，很难对付。美国人口普查报告显示，美国家庭收入中位数为 59 000 美元，而马哈诺伊县的数据为 27 000 美元。然而，在我们经过这个小镇的那一周，鲍比的脸书网页上满是他的朋友和邻居向得克萨斯州飓风“哈维”受害者捐款的照片。我们出来寻找真实的美国，我们找到了它：一个正在为自身命运拼搏的社区，却还在倾其所有去造福那些更需要帮助的人。

在 1800 英里的旅程中，我们徜徉于宾夕法尼亚、纽约和弗吉尼亚的许多小镇，通过许多次面对面的亲切接触，感受美国的真实一面。有些人直言不讳地说他们看不到希望。例如，在一个车站，一个女人和我们寒暄，她大声说道：“我不知道你在这里做什么，但如果你还算是个明白人，就应该马上回到你的房车上，回家去。这个镇子没什么好待的。”但是，我们每听到一次消极的批评，也总能听到两三次积极的评论，从某个独特的视角让我们为之展颜微笑。比如在公路边经营有机商店的一个门诺派大家庭，养育了 9 个上学的子女；还有一位两个学龄前儿童的妈妈，她在得知我们开着房车四处野营，甚至还在美丽的国家公园过夜后，钦佩之情溢于言表。她感慨说：“一晚上只花 20 到 30 美元，就能在我们州和国家公园里欣赏到最美丽的景色，怎么还有人愿意花一大笔钱住在酒店客房里呢？”她真是说到点儿上了。

行程临近尾声时，我们去探访所有点评网站上都排名第一的那家早餐店。我们驶离公路，进入苏斯奎汉纳河（Susquehanna River）河畔的一个小镇。有趣的是，我们发现这个备受赞誉的餐厅设在一家药店里，而食客竟然一直排到了门外。终于轮到我们进去了，里面熙熙攘攘，热闹非凡，满满的传统味道让我们感觉好像打卡回到了过去的年代。人们来来往往，叫着彼此的大名互相问候，询问家人近况或是聊两句当地的八卦新闻。我们觉得这才是当今科技和流动时代让如此多的人心向往之的社群关系。

我们每年都会开着房车沿着美国的乡间公路走上几天，这是我们跳出舒适圈、扩大对外认识的一种方式，有助于消除我们对于生活方式不同的人的盲点或偏见。一项又一项的研究证实，我们都有这样或那样的偏见。因此，如果你想成为一名变革者，你就必须扩大对世界的了解。别无选择。

2017 年，我的朋友兼老同事罗斯·贝尔德（Ross Baird）写了一本书，名为《创新盲点》（*The Innovation Blind Spot*）。[64] 这本书描述了美国的创业、投资和创新现状，重点是如何消除那些遏制增长和机遇的盲点。罗斯提醒我们，尽管创业精神是美国一个与众不同的优势，但事实证明，美国的创业活动实际上处于 40 年来的最低点。每天关门的企业比创建的还要多。

诚然，我们这个“创新之国”不乏兴旺发达的一面，特别是大公司和那些有资本和人脉积淀的精英。但是，创新经济把全美各地的很多人都甩在了后面，尤其是妇女、有色人种、中部地区群众和低收入人群。罗斯参加了我丈夫史蒂夫组织的每一次“余者共裕”公路之旅，他了解这一局面对有着多元背景或来自美国心脏地带的创新者构成了多么大的障碍。他的书在很多方面都像是亚当·格兰特（Adam Grant）的《离经叛道》（*Originals*）或是我丈夫 2016 年出版的专著《互联网第三次浪潮》的姊妹篇。[65] 所有这些著作都清楚地表明，伟大的创新来自意想不到的人和地方。它们共同吹响了召唤我们的号角，促使我们更加关注在自家后院之外发生的事情。

史蒂夫“余者共裕”运动的另一个常客是 J. D. 万斯（J. D. Vance），他是畅销书《乡下人的悲歌》（*Hillbilly Elegy*）的作者。作为 2016 年最受欢迎的图书之一，这本书目前仍留在畅销榜上。万斯在俄亥俄州的米德尔顿长大，出身贫寒的他有一个特殊的天赋，能够准确而透彻地阐明美国心脏地带百姓的价值观，帮助我们理解他们所面临的挑战以及他们在我们社会中所做的贡献。万斯是史蒂夫创业使命里一位求之不得的合作伙伴。

消除我们的思维和组织中的盲点并不容易，这是一项让人望而生畏的工作，但它同时又是一个开阔视野的巨大机会，有可能产生全新的解决方案。我们把这个国家广大的中部地区称为“一飞略过的乡下”，就好像它没有什么值得认真关注的优点一样。这种夜郎自大的心态限制了我们这个国家的潜力，也与我们的历史背道而驰，因为美国梦的本质，就是来自不同地方、拥有不同背景的人走到一起，共同实现新的伟大梦想。

◆◆◆

许多人都将匹兹堡这个原来的钢铁城视为夕阳产业的受害者。[66]但在最近的一次访问中，我发现匹兹堡已经形成一道独特的城市新景观，包括创业项目加速平台、大学、科技公司和投资者在内的各路精英汇聚于此，共同致力于这座城市的新生。为此，福特承诺在5年内向匹兹堡一家专门从事人工智能和无人驾驶汽车工程技术的公司投资10亿美元。优步（Uber）出资将匹兹堡打造为它的无人驾驶车辆技术的枢纽。匹兹堡的创新一族还包括生物医学公司Abilife的创始人柯特尼·威廉姆森（Courtney Williamson），他的公司设计和制造专门用于帕金森病患者的各种设备；CleanRobotics公司的瓦伊什·克里什纳穆蒂（Vaish Krishnamurthy），他的产品“垃圾机器人”（Trashbot）会使用人工智能对垃圾中的可回收物进行分类；以及Sole-Power公司的联合创始人马休·斯坦顿（Matthew Stanton）和哈娜·亚历山大（Hahna Alexander），他们这项技术是一种能够通过走路产生能量，为便携式设备充电的鞋垫，美国陆军对他们的发明特别感兴趣。[67]

底特律也正在经历一场史诗般的涅槃。Quicken Loans创始人丹·吉尔伯特（Dan Gilbert）以其非凡的远见成为这场复兴的领导者之一。2008年经济危机后，他将公司及其所有员工搬到了底特律，在底特律的房地产领域投入巨资，帮助数十家初创企业启动业务，提供了大约1.7万个工作岗位。底特律的复兴还得益于公共部门和私营部门之间达成了本来不太可能达成的合作，特别是一些慈善机构发挥了领头羊的作用，包括克莱斯格（Kresge）、福特（Ford）和凯洛格（Kellogg）基金会，它们致力于让社会各方力量都参与城市复兴的进程，而这正是城市经济和社会振兴能够产生广泛影响的关键所在。在人们的共同努力下，底特律正在重振雄风，这座城市所展示出来的乐观情绪也为其他人树立了一个伟大的榜样。在曾经枝繁叶茂、生机勃勃的汽车工业的大树下，新的技能和对工作新的思考方式正在萌发。

◆◆◆

通常，“闭门造车”的本质，恰恰是你不知道自己“身在此山中”。从自满中解脱出来，跳出井底看世界，需要用心，更需要努力。喜剧演员蒂娜·费（Tina Fey）曾经谈到她在《周六夜现场》写作室里的经历，她指出，如果创作者都是男性或大部分是男性，那就意味着关于女性的小品和段子会更少。这不是故意而为的歧视，只是把其他声音排除掉之后一定会发生的结果。只有在越来越多的女性走上创作之路，并在创作领域占据一席之地之后，读者和观众才能欣赏到更多女性所写和关于女性经历的故事。

在追求梦想的豪赌之路上，要学会“开门造车”，主动去寻找观点不同、背景迥异的人，了解彼此的差异，与他们展开合作。具备了这种能力，你就又掌握了一个成功的秘诀。

17

伟大的组织要靠团队协作

老话讲，三个臭皮匠，顶个诸葛亮。开动脑筋想问题的人当然是多多益善。不过，当我们说到“突破”时，这个词所代表的含义，会和大多数人想的不太一样。正如我之前所说，创造力往往被视为某个孤独天才才有的东西，而事实上，伟大的组织、产品和运动都是通过个体之间的协作来推进的，这些人彼此差异性很大，而相互之间技能的互补性又很强。正是这样的协作，赋予了项目强大的竞争优势。

研究成果也支持这一观点。[68] 2015 年，麦肯锡发布了《多元化至关重要》(Diversity Matters) 的报告。报告研究了加拿大、拉丁美洲、英国和美国各个行业共 366 家上市公司广泛的财务指标以及高管和董事会的组成，发现性别或种族和民族多元化程度更高的公司，取得上佳财务表现的可能性也更高。这确实是一项放之四海而皆准的发现：种族和民族多元化程度最突出的公司，其财务回报率有 35% 的可能性会高于其国家回报率中位数，而性别多元化水平最高的公司，业绩表现则比同业高出15%。在美国，麦肯锡发现多元化与绩效之间存在直接关联，种族和民族多元化程度每提高10%，盈利就会增加0.8%。这些文化多元的公司，为形成意想不到的合作伙伴关系并从中受益提供了绝佳的范例。

在商学院做客座讲座时，我喜欢讲述美国国家地理学会如何以一种完全出人意料的方式开门造车的故事。实际上，国家地理的核心使命一直是广泛联系世界各地的探险家、摄影师、科学家以及有故事的人，发掘他们精彩酷炫的冒险经历，帮助他们深入未知世界的最前沿，把他们的所见所闻告诉全世界。在携手美国国家地理探险家的旅行中，我曾攀登喜马拉雅山脉的高峰，寻访世界最高的寺庙，也曾潜入海底，探索大洋奥秘，还曾深入一线，实地观察各大洲受威胁的物种。但是，国家地理探险家们令人振奋的工作，以及我们对全球各地重要任务的寻找和资助，只能通过独一无二的合作关系才能实现。

独行求快，众行致远。

——非洲谚语

1888年的一个冬夜，美国国家地理学会在华盛顿特区成立。不久，学会决定出版一本科学期刊，报道世界各地科学家和探险家的事迹，同时利用杂志的销售收入为更多的探险家和科学家提供资金。我觉得，国家地理可能是第一家致力于通过公益事业造福人类的社会企业。

时光荏苒，白驹过隙。这种企业经营模式也在随着时代的进步而蓬勃发展。[69] 2015 年，我们与二十一世纪福克斯公司建立了一种新的、意想不到的合作伙伴关系，将国家地理有线电视频道、杂志和数字产品统统囊括进来。非营利性组织与娱乐媒体巨头合作，这个事儿怎么想怎么觉得像是乱点鸳鸯谱。福克斯和国家地理都必须迈出各自的舒适区——前者要与一家非营利性组织合作，而后者共事的伙伴则是一家内容产品从体育到电影应有尽有的公司。这种新的合作关系使国家地理内容的全球浏览量达到每个月近 10 亿人次。如今，国家地理学会获得的捐款为 13 亿美元，同时与福克斯的合资企业每年还有超过 1 亿美元的贡献，确保我们可以继续坚持传统，资助全球重要的科学、探索、教育和宣传活动，并在这个过程中不断强化和巩固我们的品牌和业务模式。

品牌合作不是什么新点子，但如果要走出舒适区，开门造车，两个明显兼容的组织之间展开协作其实是远远不够的。毫无疑问，这种协作相当大胆，需要合作双方都放弃一些控制措施，在保持自己的价值观的同时相互妥协。不过，如果来自不同领域的组织确实形成了新的实体，就有可能创造一加一大于二的奇迹，其成就远远大于任何一家的单打独斗。

不管你的头脑和策略多么出色，

单打独斗永远赢不了团队协作。

——里德 · 霍夫曼

另一个例子是NASA和乐高之间建立的意想不到的伙伴关系。[70]航天机构和玩具公司似乎不可能拥有相同的目标和受众，但是探索未知的灵感在2010年把两家单位撮合在了一起。NASA希望激励新一代年轻人成为科学家和工程师；乐高希望帮助孩子们树立远大理想，创造性地思考他们的未来。NASA把一个乐高航天飞机玩具带上“发现号”航天飞机，并允许乐高使用NASA品牌推出一套与航天飞机有关的主题玩具。乐高则专门为孩子们建立了一个关于太空探索的网站。

后来，在2011年，双方的合作真的一飞冲天（不是比喻，是真上天了）。“奋进号”航天飞机将11套乐高玩具运往国际空间站，供太空科学家用来实验，而地球上的孩子们则在老师的带领下与天上的科学家一起进行一次虚拟的太空之旅，利用兴趣课的时间搭建他们自己的模型，并与宇航员互动。我想有一天我们肯定可以听那些从玩乐高开始迈上太空之旅的未来宇航员讲讲他们的故事。

前面我曾把爱彼迎的成功描述为一场豪赌，但它同时也是一个由出人意料的合作关系蓬勃发展起来的例子。[71]第一个合作伙伴是2014年的荷兰皇家航空公司。两家公司意识到各自的业务有交叉，就决定寻求合作，但它们达成合作的方式真是太有趣了。为了开展合作，荷兰皇家航空公司将一架MD-11喷气式飞机改装成了一套仿爱彼迎公寓，用一间炫酷的起居室和一张舒适的大床取代了成排的座位。然后它们还举办了一场比赛，三名获胜者的奖励是每个人都可以在喷气式飞机上过一夜。比赛的内容也很简单，参赛者只需用一篇百字左右的小文讲清楚为什么自己能获胜就可以了。

比赛取得了巨大的成功，视频观看次数超过300万。幸运的获胜者获得了一次梦幻般的爱彼迎体验。而与正常的租房一样，这架飞机也有一系列规则，包括“禁止飞行”和“请像对待自己的飞机一样对待我们的飞机”。今天，这两家公司仍在携手跨界经营。荷航乘客不仅可以在荷航预订航班，连爱彼迎住宿都能一起预订。一次想象力的灵感迸发，一种分享资源和信用的意愿，造就了这段持久共荣的伙伴关系。

另一个很好的例子是影响力投资。[72] 影响力投资是指既能创造财务回报又能产生社会影响的投资，可以涵盖所有资产类别、行业和地域。我们已经着重介绍了这样一些公司的故事，如沃比帕克、快乐家庭和格雷斯顿面包房，但它们只是冰山一角，还有许许多多企业在成立时就将社会使命置于与企业利润同等重要的位置。

近年来，为支持影响力投资这项事业而创建的公司、基金和组织数量急剧增加，从一个由各类协会、会议组织、研究机构、顾问和平台组成的夫妻店式的零散产业逐渐发展成为生机勃勃的生态系统。事实上，世界上一些最热门的品牌正是在这一趋势中崛起的，它们通过向市场提供的产品和服务，表现出积极的社会影响力。一个新的投资者和企业家阶层正在形成，随之而生的是一种简单且有些激进的思想，即社会影响与经济回报同等重要。

2017 年，进入这一新领域的资本额比上年翻了一番多，达到 2 280 亿美元。传统的金融机构纷纷进场，从摩根大通到得克萨斯太平洋集团（TPG），从高盛到贝恩资本（Bain Capital）。世界上最大的养老基金日本政府养老投资基金（GPIF），向社会责任投资配置了超过 1 万亿日元。慈善事业和非营利性组织也不甘落后，福特基金会做出 10 亿美元的影响力投资承诺，国家地理学会也承诺投资 5 000 万美元。相信这些投资在提供有吸引力的财务回报的同时，也能进一步促进这些组织完成使命。

◆◆◆

我个人比较喜欢的一个最“拧巴”的伙伴关系范例，出现在全世界忙于应对埃博拉危机的过程中。[73] 2014 年 3 月至 2016 年 3 月期间，西非经历了历史上最大规模的埃博拉疫情爆发。时任美国总统奥巴马任命我们的朋友、同事和凯斯基金会董事会成员罗恩·克莱因（Ron Klain）担任埃博拉危机应对协调官。救援人员和医务人员纷纷赶赴灾区，而被感染的危险也是真实存在的。不幸的是，这个地区使用的防护服很笨重，需要 31 个步骤才能穿上，还要有两个人帮忙，花 20 分钟才能脱掉。布料不透气，几分钟内面罩就起雾了。更糟糕的是，这种最常见的设计已知的就有 28 个潜在污染点。

为了寻找解决方案化解这场危机，全球卫生领域的非营利性组织 Jhpiego 和约翰霍普金斯大学宣布举办一场设计挑战赛，试图发明一套更好的防护服。挑战迎来了一些意想不到的参与者。在参与挑战的工科学生、公共卫生工作者和病毒学家中，有一位候选人出人意料——一位名叫姬尔·安德鲁斯（Jill Andrews）的婚纱裁缝。姬尔一副初生牛犊不怕虎的劲头，因为她不受任何条条框框的限制。正如她所说：“玩的都是工程学那一套。如果你能做一个胸罩，你就能架起一座桥梁。”姬尔不怕走出自己的舒适区，参加约翰霍普金斯大学的周末黑客马拉松（weekend hack-a-thon）。不出所料，她的无畏带来了一个伟大的创新。

姬尔和约翰霍普金斯大学的一个团队合作，设计了一套新的埃博拉防护服。这套防护服是一体式的，背部有一个拉链，以简化穿脱过程。他们还使用了更大的面罩，安装了一台小型电池驱动的风扇，将空气吹入头套里。他们的设计从 1 500 名参赛者中脱颖而出，赢得了挑战赛的胜利，并获得了美国国际开发署（USAID）的一大笔拨款，以便对这套防护服进行进一步开发。但最让人开心的是，姬尔要先带着这套埃博拉防护服参加纽约时装周的展览。Jhpiego 与国际救援委员会、通用电气基金会合作，在时装周上搭建了一间快闪展厅展示她的创作。姬尔一直梦想着自己设计的衣服能出现在时装周上，但她从来没有想过它会是一件救人性命的防护服。姬尔的无畏创举吸引越来越多的人加入这一领域的创新，也一定能激发更多灵感，为那些关心照顾埃博拉受害者的人提供新一代防护服，这也是我不变的追求。

姬尔用她的经历证明，有时候你只有走出自己的圈子才能找到答案。放下成见，寻求不太可能的协作，就会获得解决问题的新工具，就会战胜曾经看似不可能战胜的挑战。在 2016 年一次题为“非营利性组织能从可口可乐身上学到什么”的 TED 演讲中，梅琳达·盖茨也肯定了这一观点。[74] 盖茨提出了一个发人深省的问题。“到处都是可乐，”她说，“事实上，当我去发展中国家旅行时，感觉可口可乐无处不在。所以，我结束旅行回家的时候，想的是发展问题。我在飞回家的路上想，我们正在尝试给人们提供避孕套或接种疫苗……然而可口可乐的成功会让你禁不住去想，它是怎么把可口可乐送到这么远的地方的？如果它能做到，为什么政府和非政府组织不能做同样的事情？”于是，盖茨基金会与可口可乐合作，开展“最后一英里”项目（Project Last Mile），向非洲偏远地区运送挽救生命的疫苗，让以前无法逾越的鸿沟从此变通途。

有些人做的事你认为不对，倾听他们说的话，
和他们交流，改变就会发生。
——珍·古道尔

我自己也曾与外界进行过许多次意想不到的合作，关于这种合作关系所展现出来的力量，发生在 2003 年乔治·W. 布什总统执政期间的一件事给出了最意味深长的解答。[75] 那次我应邀赴白宫罗斯福厅参加一个小型聚会，讨论艾滋病毒和艾滋病大流行的问题。当时，在非洲已有 6 000 万人感染艾滋病，其中 2 000 多万人死亡，留下 1 400 万名孤儿。小布什总统将私营部门和宗教领袖召集在一起，开始为一项雄心勃勃的新计划争取支持。这项计划大致有三点解决方案，类似于已经在乌干达尝试有效的方案。它被称为 ABC：A= 鼓励禁欲，B= 一夫一妻制（忠实），C= 使用避孕套。

这不是一次简单的聚会。一边是保守派对推广避孕套的担心，尤其是反对节育的天主教领袖；另一边则有自由派反对把资金用于预防工作而不是治疗，对于有关禁欲的建议更表现出格外的蔑视，认为这样做过于道学，也不会有什么效果。让局面更为复杂的是，里根总统任内曾首次颁布的所谓“墨西哥城政策”（Mexico City

Policy），禁止向提供堕胎咨询或服务的非政府组织提供联邦资金。不出所料，对于是否延长这一政策的有效期，是否拒绝向那些正在非洲全境开展急需的艾滋病毒 / 艾滋病服务的组织提供资金，保守派和自由派再次出现了意见分歧。

参加罗斯福厅那次聚会的人既有保守派，也有自由派，而且双方都坚定地坚持各自的主张，其中有几位美国天主教会的领导者，有制药公司礼来的首席执行官兰德尔 · 托比亚斯（Randall Tobias），还有尼克松时代因“水门事件”入狱，后来成立监狱联谊会（Prison Fellowship）传教的查克 · 科尔森（Chuck Colson）。他代表基督教右翼。另外还有伊丽莎白 · 格拉泽儿童艾滋病基金会（Elizabeth Glaser Pediatric AIDS Foundation）的首席执行官凯特 · 卡尔（Kate Carr）。这家基金会是最著名的艾滋病防治组织之一，其创始人伊丽莎白 · 格拉泽因分娩过程中输血而感染了这种疾病，她生下的女儿死于艾滋病，几年后她本人也被其夺去生命。此外，白宫的几位要员也出席了会议，包括我的好朋友乔希 · 博尔顿（Josh Bolton），他后来成为乔治 · W. 布什的白宫办公厅主任。

这样一个身份各异、意见多元的群体究竟如何才能达成共识？起初，这似乎是不可能的。聚在一起的这些人不仅看问题的角度极其不同，而且很少有人曾在同一个屋檐下合作过。如果有一个陌生人走进那个房间，他会发现空气之紧张已近凝固，唯有刀劈斧砍方能解脱。然而，即使是在这样一种紧张的环境中，每个人仍然在迫切需要做些什么的驱使下保持着沟通和对话。

但是，我们还是陷入了僵局。然后有人说了一句话，让所有人都从固执于各自立场的迷误中猛醒过来："就在我们讲话的时候，很多人正在死去。非洲的妇女、儿童和整整一代年轻人正以惊人的速度离开人世。这种局面必须制止。在没有做出共同努力、找到出路的承诺之前，我们不能离开这个房间。"这番话讲完，屋里的人陷入久久的沉默之中，气氛越发凝重。但是慢慢地，人们的情绪出现了变化，谈话开始转向有可能采取哪些行动之类的话题。到会议结束的时候，我们已经提出许多具体的步骤，也带给我一种强烈的感觉，那就是我们当中没有赢家和输家，我们只是一批富有同情心、责任心，愿意合作的个人，即使这意味着每个人没有得到自己想要的一切。

后来，我和其他人一起见证了小布什总统签署《总统艾滋病紧急救援计划》（PEPFAR），承诺投资150亿美元用于艾滋病的预防和治疗。如果保守派和自由派不表示支持，这个计划很可能不会在国会通过。2017年，摇滚明星博诺在得克萨斯州的农场拜访了小布什总统，感谢他在签署PEPFAR抗击艾滋病毒/艾滋病方面发挥的作用。

意想不到的合作能够赢得不同立场的政界人士的支持，而且效能显著。关于这一点，博诺在某次采访中评论说："政府不害怕摇滚明星和学生激进分子——它已经习惯我们了，"他说，"但它对足球妈妈和教会成员很紧张。现在，当足球妈妈和教会成员开始和摇滚明星、激进分子混在一起时，它真的开始注意了。"[76]

博诺的洞见和本章其他的故事点到了问题的核心。有时为了被人看到和听到，你必须带上一个完全意想不到的盟友。在一个许多人都在各扫门前雪、自寻小确幸的时代，无畏的变革者们不得不走到竞技场的中心，召唤其他人加入。

18

发现多样性

我在年近30的时候加入美国在线，成为高管团队中的两位女性之一。这是一群令人难以置信的高素质人才，每周大家都会聚在一起，讨论我们肩负的各种责任，为公司运营出谋划策。正如我在本书其他章节中所说的那样，我试图给自己增添信心，履行好公司领导者的角色，但我也时刻明白一点，我没有同事们丰富的资质和履历。他们有的经营着自己的公司，获得了无数赞誉，有的持有研究生学位，还有的已经工作了几十年，工龄比我年龄都大。

一般情况下，我们彼此尊重，互相鼓励，维持了一种积极向上的团队氛围。但在某个特别困难的时期，执行委员会内部的关系也会出现裂痕，人际关系变得很紧张。我们请来一位咨询顾问进行团队建设，咨询顾问做的一件事就是请我们完成迈尔斯－布里格斯（Myers-Briggs）评估。这是一种多用在团队合作中的职业性格测试工具，根据测评人的答案将性格分为16种类型。有一个类别专门评估你是“思考型”人格还是“感觉型”人格。我们在接受测试时开玩笑说，在我们这家技术公司，大家最好都是“思考型”。不出所料，团队所有人的评分都是“思考型”，除了一个人——我。

你可以想象当时我有多难堪，别人可是没少拿这个事跟我开玩笑。但真正让我印象深刻的是后来发生的事情。这位咨询顾问解释说，“感觉”并不意味着你不“思考”，而“思考”并不意味着你没“感觉”。这些名称只是暗示一个人更加倾向于通过理性的逻辑还是人性的权衡来做出决定。然后她告诉我们，最强大的团队往往有兼具两种人格类型的人才，而如果我们千人一面，在决策时就享受不到多元角度的益处。接着，她要求我们每个人讨论差异的收益——我们如何让彼此之间的差异发挥作用，增加价值。我们曾经进行过几次艰难的裁员，所以参加讨论的一些人就提到他们是多么感激我能够认识到裁员对人和文化的影响，帮助我们的行动更加人性化，让裁员的过程更富尊严。反过来，我也指出在一些我们必须做出的决定中，更加纯粹的理性分析观点令我受益匪浅。那次团队建设改变了我们团队的合作方式，一种新的信任和理解逐渐形成，那就是，尽管存在差异，但我们“团结力量大”。

为了改变我们与世界的互动方式，我们必须首先改变对彼此的看法。我喜欢林－曼纽尔·米兰达（Lin-Manuel Miranda）创作的音乐剧《汉密尔顿》，因为它从根本上实现了这一点。[77] 还有谁比我们更熟悉美国开国元勋们那种冷静睿智的年长白人形象呢？但是林－曼纽尔在他大胆的嘻哈音乐剧中彻底颠覆了这种深入人心的形象，挑选不同种族的演员来扮演这些标志性人物。故事的焦点是美国第一任财政部长亚历山大·汉密尔顿，就人物和故事本身来说，这是一个不太可能引起公众兴趣的话题。

在创作《汉密尔顿》的过程中，林－曼纽尔本来没有想采用这种大胆的表现形式。[78] 但是罗恩·切尔诺（Ron Chernow）800 页的传记大作《亚历山大·汉密尔顿》却让他第一次知道，原来汉密尔顿是一个有胆有识、才智过人的移民，靠着自身的奋斗一路到达成功的顶峰。后来，林－曼纽尔有机会在白宫将音乐剧中的一首歌预演给大家听。唱之前，他告诉观众他认为汉密尔顿是嘻哈精神的化身，把大家都逗笑了。但林－曼纽尔是认真的，在他演出了音乐剧那段现在已经闻名于世的开场歌曲之后，其他人也意识到了这一点。

《汉密尔顿》改变了人们固有的印象，使人们对于看到非白人演员刻画华盛顿、杰斐逊和汉密尔顿这样的人物不再感到意外。去百老汇观看完《汉密尔顿》之后，我就想，生活在这样一个多元而包容的国家和时代，是上苍多么大的恩赐啊！

◆◆◆

如前所述，麦肯锡 2015 年的报告《多元化至关重要》显示，多元化提高了公司的生产力，使公司变得更加兴旺繁荣。而当麦肯锡于 2018 年以《撬动多元化的潜力》为题进一步扩大研究时，麦肯锡发现许多公司已将包容性和多样性视为一项竞争优势，甚至是增长的推动力。[79] 麦肯锡对 12 个国家或地区的 1 000 家公司进行了调查，发现性别、种族多样性与赢利能力之间仍然存在直接的正相关关系，这一趋势没有改变，缺乏多元化的公司受到了惩罚，表现较同业企业落后 27%。

所谓多元化，就是将不同观点和背景的人聚集在一起，它的重要意义正引起一大批美国大企业的注意，而这些企业在多元化方面的努力，通常可以体现在它们的资产组合和业务发展上。德勤曾对工作场所的多元化和包容性进行过研究，它的报告发现，具有包容性文化的组织实现或超过财务目标的可能性提高了两倍，保持创新和机敏作风的可能性提高了六倍，而实现更好业务成果的可能性提高了八倍。[80] 2018 年，《福布斯》发布了首份多元化最佳雇主榜单。[81] 名列榜首的公司出乎所有人的意料：北方信托（Northern Trust）。这是一家总部位于芝加哥的投资管理公司，拥有 17800 名员工，38% 的高管是女性，23% 的董事会成员是非洲裔美国人。

我们的潜意识就是一台巨型计算机，它会静静地处理我们积累的经验、遇到的人、学到的教训、读过的书、看过的电影等所能提供的所有数据，并最终形成观点。

——马尔科姆·格拉德威尔

为引领多元化发展的公司大声喝彩会促使更广泛的变革。但既然人们越来越一致地认为多元化很重要，为什么我们还会看到这么多企业落在后面？研究表明，在争取资本、扶持以及网络渠道这些对于初创企业成长发展来说最为急需的资源上，女性和有色人种的劣势大得不成比例。如果不能让所有抱负远大的企业家获得同等的优势，我们非常可能会扼杀下一个伟大的创新者。

冷冰冰的数字就摆在面前：近年来，在风投支持的公司里，只有 10% 的公司创始人里有一位女性。[82] 在这些公司里，只有不到 1% 拥有一位非裔美籍创始人。所有风险资本中有 75% 流向了加利福尼亚州、纽约州和马萨诸塞州这三个州，而美国其他地区只好去争抢大饼剩下的那 1/4。然而，这 47 个资金不足的州已经创造了数百家《财富》500 强企业，证明伟大的公司可以在任何地方打造。

目前的数据表明，增长最快的企业家群体是女性，紧随其后的是非洲裔美国人和西班牙裔美国人。女性拥有的公司的增长率是全美平均水平的 1.5 倍，而非洲裔美国人拥有的公司增长率为 60%。（非少数族裔企业的增长率仅为 9%。）很多证据表明，这些企业的表现往往超过同业。一家风投公司发现，就业绩表现而言，由其资助的女性主导的初创企业比拥有全男性创始团队的企业高出 63%。好事儿吧，那么冉告诉你一点，这样的公司今天已经超过 900 万家了。

我们其实有机会让我们的经济充满朝气和活力，办法很简单，在寻找前途远大的新公司进行投资时，扩大一下搜索范围就行。不过也许首先我们要改变头脑里对于成功的固有印象。就在几年前，我在凯斯基金会开会，有人建议我们使用“成功企业家”这一短语进行谷歌图像搜索。结果，满满一页各种年轻白人男子的照片让我们目瞪口呆。没有女性，没有有色人种，一个都没有，而且这些也不全是著名企业家的形象，其中一些就是照片素材而已。就在那天，我们决定分享不同背景的企业家故事，目的是让世人了解，伟大的企业家可以来自任何地方，不论性别，也无关种族和背景。

向更多的人敞开大门，我们必须首先承认潜意识的偏见对你我来说是真实存在的。为什么一定要先承认这一点？因为越来越多的人意识到，我们之所以会看到获得风投融资的人差不多都是同一类人，可能与潜意识的偏见有很大关系，更不用说前100家风投公司中，93%的投资合伙人是男性，而且主要是白人。如果创业者不是男性，也不是白人，他们面对一桌子和他们完全不一样的人做项目推介，能感觉自在吗？而一个全都由白人组成的投资委员会，面对创业者乃至服务的对象都是和他们不一样的人的全新创新项目，又是否真的能够理解其中蕴含的潜在价值呢？

我们必须赞扬风投资本家，他们为评估潜在投资的标准增加了包容性。从某些方面来说，这是任何一个正常人都会做的事情，但它毕竟产生了良好的商业意义。女性是消费购物的主力军，因此如果投资者正在考虑新产品，为何不听一听能够更好地代表潜在市场的人的观点呢？

现在，有越来越多的领导者呼吁我们所有人拥抱一个更加包容的世界。其中一位是我亲爱的朋友麦勒迪·霍布森（Mellody Hobson），她是世界上最大的少数族裔所有的投资公司艾瑞尔投资（Ariel Investments）的非裔美籍总裁。为了打破我们的潜意识偏见，麦勒迪建议我们“正视有色人种”，而不是忽视有色人种，也就是说，有意识地邀请那些长得不像我们，生活方式也和我们不一样的人加入。她以这些原则引导公司的投资资源，远离那些领导层和董事会缺乏多元化的公司。而艾瑞尔本身就是多元化的典范：51%的员工是女性，27%是非裔美国人，20%是亚裔和西班牙裔。

麦勒迪是一位非凡的女性——聪明、善良、坚韧，取得了令人惊叹的成就。（几年前，当“御姐”这个词首次出现时，我问我的女儿们是什么意思。她们哈哈笑着给我解释了一遍。几周后我遇到了麦勒迪，一下就明白了。）但即使是麦勒迪本人，也曾饱尝人世间的偏见之苦。她在 2006 年 TED 演讲中讲了一个故事，当时她正在帮助朋友哈罗德·福特（也是非洲裔美国人）竞选参议员。[83] 麦勒迪打电话给她认识的一位为纽约某大型媒体公司工作的女友，说服对方为福特组织一场面向媒体编辑的午餐会。“我们找到前台，告诉她‘我们是来这儿吃午餐的’，前台示意我们跟着她进去。我们走过一连串的走廊，突然之间发现自己进到一个狭窄的房间，这时她看着我们说，‘你们的制服呢？’就在这时，我的朋友冲了进来，脸涨得通红。当时的场景实在让人无语。我看着她，说，‘现在，难道你不觉得我们需要不止一个黑人在美国参议院吗？’”

◆◆◆

美国人民的聪明才智为我们带来了今天享受的生活品质。如果我们抓住这个机会使企业家精神大众化和普及化，建立更具包容性的企业，我们就能让我们的经济继续坚挺，并确保任何地方的任何人都能通过美国梦获得公平的机会。这意味着无畏地颠覆现状，不仅仅是商场，更是我们的整个文化。

伟大的指挥家祖宾·梅塔（Zubin Mehta）曾经说，管弦乐队中没有女性的位置。[84] 幸运的是，并非所有人都同意他的观点。在 20 世纪 50 年代，波士顿交响乐团首次采取了让乐者藏在幕后进行试奏的做法。评委无法看到音乐家，完全凭才华选人。其他管弦乐队也纷纷效仿。时至今日，大多数管弦乐队都采取了盲测的做法。不出所料，研究人员发现，第一轮试训采用盲试，可以使女性进入后期轮次的可能性提高 50%。如果所有轮次都采用盲测进行，女性被选中的可能性是原来的三倍。如今，所有管弦乐队中的女性都占到了 50% 以上。

一支完全由接球手组成的棒球队可能会有很强的团队精神，
但它在场上不会有非常出色的表现。
——萨拉 · 埃里森（Sara Ellison），麻省理工学院

作为一名女性，以及从男性主导的科技行业启航的人，我非常熟悉我们在获得女性应有的席位时所面临的挑战。因此，我总是对无畏女性的故事特别感兴趣。

读到英国早期软件发行先驱斯蒂芬妮 · 雪莉夫人（Dame Stephanie Shirley）的故事时，我惊讶地发现自己从来没有听说过她。[85] 雪莉出生于维也纳，是“儿童运输”计划的幸存者之一。通过这一计划，近 10 万名犹太儿童从纳粹的魔掌中被拯救出来，在没有父母陪伴的情况下被送到了英国。而当年她只有 5 岁。“我之所以能活下来，全靠很久以前我得到了陌生人的慷慨帮助。”雪莉谈及她的这段经历时说。

从很小的时候开始，雪莉就树立了明确的志向：“为了让我的生命值得拯救。”雪莉就读的女校不教授数学，但她因为自己对数学的狂热获得了去附近男校学习数学课程的授权。后来，尽管没有获得大学学位，她还是在伦敦的邮政研究站（Post Office Research Station）找到一份工作，开始了自己的职业生涯。在那里，她从头开始构建计算机并编写代码。她对技术的兴趣日渐浓厚，通过 6 年的夜校学习，最终获得了数学荣誉学位。

1959 年，雪莉创办了自己的软件公司 Freelance Programmers（自由职业程序员），主要雇用女性，虽然其中许多人在结婚或者有了孩子以后离开了这个行业。（她也是一位颇有远见的人，允许员工在家工作。）雪莉最初的启动资金是 6 英镑，当时相当于 17 美元。在她的经营下，公司的价值增加到了数亿美元，60 岁退休时，她成了一名慈善家。为了让自己的企业发展壮大，雪莉甚至一直用史蒂夫这个名字代替斯蒂芬妮，来帮助她在男性占主导地位的领域攻城略地。今天，80 多岁高龄的雪莉仍然有着强烈的幽默感。“你可以从我们的头型来分辨哪些是雄心勃勃的女性，”她说，“她们的头顶很平，因为总是屈尊俯就让别人拍打。同时我们的脚也更大，能走得更远，不会只围着厨房的锅台转。”

我最喜欢的另一个故事是关于一位名叫韦尔妮斯·阿莫尔（Vernice Armor）的女性，她还有个绰号，叫“飞妹”（FlyGirl）。[86] 韦尔妮斯是美国海军陆战队第一位非裔美籍女性海军飞行员，也是美国武装部队第一位非裔美籍女性战斗飞行员。在飞行学校，她在 200 人的训练班里以第一名的成绩完成训练。韦尔妮斯驾驶 AH-1W

超级眼镜蛇攻击直升机参加了 2003 年打击伊拉克的战争，在这场代号为“伊拉克自由行动”的战争中，她进行了两次轮战。不过韦尔妮斯在加入海军陆战队之前就已经多次勇夺第一了。穿上军装前，她曾是纳什维尔的一名警官，也是摩托巡警小队的第一位非裔美籍女性。退出现役之后，韦尔妮斯成立了 VAI 咨询培训公司，鼓励其他人找到自己的突破口，开创属于自己的精彩人生。

2016 年，我应哈佛商学院校友会邀请，与芭芭拉·哈克曼·富兰克林（Barbara Hackman Franklin）一起主持女性历史月的讨论。[87] 芭芭拉自己于 1964 年毕业于哈佛商学院，那是第一个接收女学生的班级。作为非凡的成功人士，她在总统任命女性担任公职方面发挥了重要的先锋开拓作用。令人惊讶的是，她是应理查德·尼克松总统的邀请这样做的。

说起历史上对女性支持力度最大的人，理查德·尼克松很可能不会出现在大多数人的名单上。但是在 1972 年 8 月，《新闻周刊》却宣称“华盛顿为女性运动做得最多的人可能是理查德·尼克松”。由于“水门事件”丑闻以及随后黯然辞职，尼克松总统很少因为提升妇女在政府中的作用而受到赞扬。而像富兰克林这样的女性也没有得到应有的认可，尽管她在尼克松妇女解放运动中发挥了关键作用。

现在到了我们还历史清白的时候了。1969 年初，在尼克松刚刚就职总统一个月的新闻发布会上，一只手从记者席的第三排高高举起。一位名叫薇拉·格拉瑟（Vera Glaser）的记者站起来，她提了一个振聋发聩的问题，其影响之大是当时在场的所有人都始料未及的。“总统先生，”她说，“到目前为止，您已经任命了大约 200 个内阁高层和其他政府职位，其中只有三个由女性担任。先生，您能否告诉我们，我们是否可以期待更公平地承认女性的能力，还是说我们会继续充当消失的另一半？”

有些人笑出声来，但总统变得严肃起来。“我不知道只有三个职位由女性担任，”他说，“我们很快就会纠正这种不平衡。”

曾任第一花旗银行（后来更名为花旗银行）企业策划人员的芭芭拉·哈克曼·富兰克林应邀赴华盛顿领导新的白宫女性招聘计划。感谢她的不懈努力，仅仅一年之后，出任顶级职位的女性人数就增加了两倍，在联邦政府削减 5% 人员编制的时候，仍然有 1000 多名女性得到雇用或晋升。在这些女性中，许多人在公务员系统继续工作了数十年之久，其中包括曾在联邦贸易委员会任职 7 年的伊丽莎白·汉福德·多尔（Elizabeth Hanford Dole），后来在北卡罗来纳州当选美国参议员，还有美国联邦司法部长助理卡拉·希尔斯（Carla Hills），后来担任杰拉尔德·福特总统的住房与城市发展部部长，以及老布什总统任内的美国贸易代表。

人们普遍认为，随着高级别工作中女性人数的增加，这一趋势将继续向上发展。但其实做这样的判断目前还为时过早。争取平等的斗争往往呈现进两步退一步的特点。截至本文撰写时，女性在国会只占 19% 的席位，而且近年来这一数字一直相对停滞，尽管在即将举行的选举中，参选女性比以往任何时候都多。巴拉克·奥巴马总统的内阁是历史上多元化程度最高的，唐纳德·特朗普总统反而组建了近 30 年来最不多元化的一届政府。

不过有一点还是值得牢记的，当某一个女人提高音调、发出足够响亮的声音，推动事情时，有时真的会实现突破。如果人们不再把多元化仅仅看作一件值得做的好事，而是认识到它是一种能够实现绩效最大化的明智策略，就像数据显示的那样，变革就会发生。

19

谁是最重要的盟友

刚刚二十岁出头的我投身的科技行业，彼时看起来也仿佛处于狂野西部的荒蛮时期。我们没有指引前进的路线图。我们只是一群怪咖，互相依靠着谋生存。

随着 1971 年微处理器的面世，个人电脑成为极客的最爱，这些对拆拆补补、敲敲打打乐此不疲的家伙会购买各种套件来组装他们自己粗糙的机器。到 20 世纪 80 年代，也就是我入行科技圈的时候，事情已经多少有了一些变化。但是，提供令人信服的在线体验（按照当年的标准）仍然需要一份复杂而昂贵的设备清单，包括：

- 台式机或个人电脑，价格不等，当时流行的 Commodore 64 型电脑售价 595 美元，而第一台 Macintosh 则高达 2 495 美元；
- 显示屏（当时并不一定是标配）；
- 软件（早期的个人电脑不一定具有内置硬盘或存储器）；
- 调制解调器；

- 订购一份在线服务。

那时的我们只笃定一件事：我们都需要彼此。软件没有电脑就毫无用处。而没有酷炫好使的应用程序，电脑也一文不值。如果没有调制解调器，根本就不能联网享受在线服务。明白我的意思了吧。这种局面意味着整个行业的发展不仅需要形成合作伙伴关系，还需要我们创建网络来加速进步，改善我们的运营状况并继续创新。出于这些原因，协作成为早期个人电脑和在线市场的标志性特点，而且这个特点可能比今天更加突出。我们沉浸在世界互联互通的伟大梦想之中，人们只需手指轻触就能进行沟通、获取内容。

我早年的头衔是联合营销经理。我的工作是到全美各地拜访电脑公司、软件公司、调制解调器公司和电话公司，谋求达成合作协议，其中硬件和软件公司将捆绑和推广订阅一份在线服务——希望是我们公司提供的。

后来，随着我职业生涯的进步并加入美国在线，我们开拓了许多看似不太可能的合作伙伴关系。奥马哈牛排（Omaha Steaks）将美国在线的软件与其脍炙人口的牛排捆绑在一起；而全美运动汽车竞赛协会（NASCAR）则在赛车车身喷上了美国在线的标志，并开始在它的活动中赠送软件。内容方面也争取到了意想不到的盟友：遍布整个美国的缝纫商建立了一个非常活跃的缝纫论坛；卢卡斯电影公司（Lucasfilm）与我们合作，制作了最早的一款在线互动游戏；而《时代周刊》则与美国在线合作，为庆祝比利·格雷厄姆（Billy Graham）75 岁生日，举行了历史上首次全美网络会议。

美国在线最令人津津乐道的经验之一就是我们通过合作和结盟来利用竞争对手的能力。没错——我们的竞争！20 世纪 90 年代中期，微软对美国在线构成了巨大的威胁，它的操作系统占据了市场主导地位，所以微软在主屏幕上捆绑谁的软件，基本就可以判定这款产品会成功，那些没有获得捆绑的会失败。当时有消息传出说微软正在开发自己的在线服务，会与 Windows 95 捆绑在一起，这让美国在线相当担心。我们知道微软可以利用其市场力量要求电脑制造商专门推广其新的在线服务，把美国在线踢出局。长话短说，后来我们当然战胜了挑战，我们同意使用微软的浏览器，让美国在线会员访问互联网，作为交换，美国在线获得微软的捆绑。这样双方就形成了一种相互捆绑的关系——两个竞争对手推销彼此的产品。

同样，当 1993 年消费者终于可以合法上网之后（是的，在此之前，只有学术界、政府和科学组织上网是合法的），美国在线开始着手建立与万维网的桥梁。我们落实的第一个项目是搜索引擎，可以确保会员在接受美国在线服务的时候上网冲浪。但后来我们发现了一个名叫谷歌的新贵，它直接向消费者提供自己的搜索引擎。我们知道必须采取行动。所以，我们又和谷歌达成协议，使谷歌成为美国在线的官方搜索引擎。作为回报，美国在线获得了 5% 的股权，外加一部分收入分成。又一次，我们不将精力耗费在与竞争对手的力量对抗中，而是“加入”它们。结果就是我们不但为客户提供了更好的搜索体验，更在谷歌后来上市时赚了个盆满钵盈。

有些人可能会更加关注后来发生的事儿，并认为 2000 年美国在线与时代华纳的合并在“开门造车”上走得有点太远了，毕竟这宗交易最后以失败告终。我自己的观点是，伙伴关系战略本身没问题，但团队组合有问题。与大多数人际关系一样，商业伙伴关系归根结底也是人和人之间的关系。在美国在线与时代华纳的案例中，双方在文化融合上都坚守各自的立场，寸步不让。有一句众所周知的名言，通常认为是彼得·德鲁克说的，“文化能把战略当早餐一样吃掉”。在开门造车的时候，请在评估合作机会的同时也关注你将与之合作的人和文化。

今天，技术革命带来了人们思考、组织和工作方式的根本转变。监测研究所（Monitor Institute）与社会影响力组织合作，将这种新方式称为“维基化工作”，意味着工作更加开放透明，决策更加分散，以及通过社交媒体推动集体行动。

◆◆◆

策划一个项目或活动时，重要的是要检查潜在盟友的谱系，以避免对老搭档形成依赖，干什么事都是那几个人，别人不用猜就知道。有时候，画几个圆圈会有所帮助。最里层，最核心的圆圈，应该是那些共同利益或市场最大的潜在合作伙伴。从内圈开始，一圈一圈地评估哪些人可能对你针对的领域有战略兴趣。

例如，在民权运动中，牧师小马丁·路德·金和他的同时代人最先开始在南方黑人里进行动员工作，然后慢慢转向，将北方白人引入他们的事业。当哈维·米尔克（Harvey Milk）在旧金山开始

LGBT 运动时，他最开始接触的是卡斯特罗街的同性恋社区，然后逐步扩大到包括旧金山湾区在内的异性恋性取向的自由主义者。帮助改变五角大楼运作方式的军事改革者约翰·博伊德（John Boyd）上校也采取了类似的方式。他首先准备了向初级军官宣讲改革构想报告，然后是国会议员、民选官员，最后才是高级将领。

在检查谁可能有助于加快你的努力时，先考虑谁可能成为重要的盟友，甚至是为你冲锋陷阵、拼杀在前的步兵。同时，还要想一想有哪些不那么显眼的合作伙伴可以纳入自己的进程。就拿利比里亚的经验教训来说吧。[88] 十年的内战使该国的卫生基础设施遭到破坏。400 万人口只有 50 名医生提供医疗服务，农村地区几乎完全失控，那里的人死于本来可以治愈的普通症状，例如难产。艾滋病毒也成为日益严重的危机。因此，一批利比里亚内战的幸存者于 2007 年和美国卫生工作者联手，由彼得·卢科（Peter Luckow）掌舵，用区区 6 000 美元的种子资金，启动了利比里亚第一个农村公益性艾滋病防治项目——提亚天卫生项目（Tiyatien Health）。2013 年，他们的项目更名为“最后一英里卫生项目”（Last Mile Health），意思是那些最需要的地区已经成为利比里亚的“最后一英里”。

如果继续单打独斗，“最后一英里卫生项目”通过努力，可能能够满足哪怕只是一小部分农村社区的需求。但随后埃博拉危机爆发，让这家非营利性组织走出舒适区，扩大其工作范围的想法也随之诞生。“最后一英里卫生项目”与一批看似不太可能成为卫生工作者的人——那些受到病毒危害的地区的人——建立起联系。通过利用利比里亚卫生部的资金，“最后一英里卫生项目”在利比里亚东南部的38个诊所培训和装备了1 300名卫生工作者。现在，在一个致力于卫生防疫工作的政府合作下，在一群社区卫生工作者的支持下，这个组织终于有机会为那些早有考虑但一直无力行动的农村地区提供援助，按照该组织的使命宣言，那都是一些“太难以到达并且服务成本太高”的地区。

需要两块火石才能生起一堆火。

——路易莎·梅·阿尔科特（Louisa May Alcott）

这是成功合作的秘诀：使用“两块火石”点燃机会的火苗，为所有人带来福利。约翰·杜尔（John Doerr）在他《衡量什么最重要》（*Measure What Matters*）一书中讲述了谷歌创业的故事。[89] 对于谷歌的共同创始人谢尔盖·布林（Sergey Brin）和拉里·佩奇（Larry Page），书中是这样描述的：谢尔盖是一个充满热情、机智善变，但是特别固执己见的人。他轻轻一跃，就可以跨越知识的鸿沟。作为在苏联出生的移民，他是一名精明的有创造力的谈判者，也是一位有原则的领导者。谢尔盖永远不安分，总是在追求更多；他可能在会议进行到一半的时候趴到地板上，做上一组俯卧撑。而拉里作为一位计算机先驱的儿子，则是工程师中的翘楚。他说话温和，但绝不墨守成规。他是一个反叛者，有着极其强烈的使命感，致力于让互联网实现指数级增长。在谢尔盖精心打造技术商业帝国的同时，拉里醉心于产品的辛勤耕耘，畅想各种不可能的事情。他是一位脚踏实地、心怀蓝天的思想家。所以，看到谷歌这两位联合创始人肩并肩站在一起的照片，你可能觉得这只是两个白人小伙子，但其实这种认知完全忽略了他们之间的差异，而正是这种差异使得谷歌成为当今美国最具变革精神的公司之一。这家特立独行、卓尔不群的公司居然是由两个如此不同的人建立起来的。这绝非巧合。

我们知道，如果一个个强势人物联起手来，就会产生戏剧性的结果，这也正是看到我们的政治领袖执着于党派之争，让人感到如此痛心的原因所在。而如果领导者能够为了更伟大的福祉超越党派立场，就会特别鼓舞人心，更不用说效果有多大了。

2004 年底，在地震和海啸摧毁了东南亚的 11 个国家之后，乔治 · W. 布什总统邀请两位前总统——他的父亲乔治 · H. W. 布什和比尔 · 克林顿为恢复工作筹集资金。[90] 小布什和克林顿不仅来自不同政党，而且他们之间的对手关系更带有一丝个人恩怨的色彩。克林顿在 1992 年击败了老布什，终结了他的连任梦想。乔治 · W. 布什则在 2000 年还以颜色，击败了民主党总统候选人——克林顿政府时期的副总统戈尔。但在他们的亚洲之行中，两位前总统变得如此亲近，以至于小布什后来将克林顿称为“我的来自另一位母亲的兄弟”。他们的亚洲之行产生了巨大的影响力，筹集了数百万美元的援助。这次联合任务效果如此之好，以至于奥巴马总统在 2010 年海地遭受地震的毁灭性打击之后，又请克林顿和小布什对海地进行了类似的访问。

数据有着难以抗拒的说服力：合则两利。但这真的会让人感到惊讶吗？现在当我们寻找和捕捉新的机遇时，我们每个人面临的挑战是一个新的问题：“谁还没有加入进来？”或者“哪些独特的视角可以帮助我们扫除盲点或扩大我们的光圈？”

20

行动起来，开门造车……日行不辍

我们都有下意识的偏见和盲点，这些偏见和盲点扭曲了我们对世界的看法，以各种方式影响着我们的日常生活，经常把我们置于管中窥豹的境地，搞不清楚事情的真相和问题的实质。克服这些盲点的唯一方法就是有意识地去观察和体验我们不知道的东西。正如史蒂芬 · R. 柯维（Stephen R. Covey）在《高效能人士的七个习惯》中所建议的那样，先寻求理解别人，再寻求别人的理解。[91]

我丈夫和我在美国各地旅行时发现，走上一条陌生的道路，就会看到你不知道的东西。听起来没什么新鲜的，对吗？但知与行是两回事。

开始豪赌时，你身边需要多一些和你不同的人，因为你知道，在背景和观点上越多元化的团队，表现也就越优异。那么从哪里开始呢？首先，列出团队的特点和优势。看看哪些地方存在不足？如何通过互补完善已有的知识、经验和技能？如果你是刚刚起步，请确保在日程表上留出时间，与那些可能为你的工作带来全新视角的人喝杯咖啡或吃顿午餐。组织可以组建咨询小组，增加人手或聘请顾问来补短。不要害怕听到让你不舒服的观点。

有意识地规划你的联盟关系。考虑你服务的利益或市场，然后列出其他还有哪些组织分享这些利益。有些会很明显，有些可能不那么明显，比如摇滚明星和总统，或者国家地理和二十一世纪福克斯。

我们可以学习姬尔·安德鲁斯，走出我们的舒适区，提供局内人从未想象过的解决方案。我们也可以学习总统艾滋病紧急救援计划（PEPFAR）背后的那些合作者，放弃一点立场，谋求更大的利益。我们还可以学习麦勒迪·霍布森，在多元化的道路上充当开路先锋，建设更强大的经济。最后，我们还可以学习美国在线，与竞争对手展开合作，学习小布什和比尔·克林顿，摆脱旧的敌意和对抗来改变世界。

那么今天，你打算从哪里着手，迈出你开门造车的第一步呢？

清单 5

让紧迫感战胜恐惧

紧迫行动

第一时间做出反应

“大脑黑客”行动

行动起来，成为“那个人”

21
紧迫行动

我们可以选择以时不我待的紧迫感主动行动，也可以在紧迫感的驱使下被动前行。有人总结过一句话：“危机固可怕，浪费殊可惜。”这句话还是很有道理的。当你前无去处，后无退路，也不占据时间优势的时候，有一点可以肯定，你在那个时候会产生连你自己都想象不到的巨大勇气和无畏气概。士兵们能在激烈的战斗中迸发出非凡的勇气，普通群众会在灾难中表现得像一个英雄，所剩无几的时间会迫使人们创造难以想象的壮举。他们也许没有充分意识到风险，也不太可能把利害得失计算清楚。他们只是采取行动。

前几章重点讲述的许多故事都具有紧迫性。芭芭拉·范·达伦知道我们的退伍军人需要更好的精神健康护理；欧内斯特·沙克尔顿被遗弃在南极洲最凶险恶劣的环境中，他知道如果不采取行动，他和他的船员就将面临死亡。但危机并非总是如此极端。布莱恩·切斯基和乔·杰比亚感到火烧眉毛的是，他们的房租需要马上支付，但却没有钱。沃比帕克眼镜店的创始人则需要快速且廉价地更换一副眼镜。

个人和公司如何在危机时刻采取行动，可以成为衡量他们无所畏惧的最真实的标准。几乎每家大公司都制定了“危机管理”策略，但当企业危机成为真正的紧急情况时，人们记住的是勇气，而不是管理。

企业勇气的标志性故事之一发生在 1982 年 9 月，当时，芝加哥有 4 人因服用含有氰化钾的泰诺胶囊而死亡。[92] 强生公司首席执行官詹姆斯 · E. 伯克（James E. Burke）毫不犹豫地将所有泰诺从货架上撤下，并发起一场公关宣传活动，警告人们不要购买该产品。（强生公司没有人知道是谁给这些胶囊注入了毒剂，肇事者也未被发现。）泰诺退市耗费了数百万美元，其市场份额也从 38% 暴跌至 8%。然而公司考虑的唯一事情是挽救生命。毫无疑问，它的快速行动确实挽救了生命。而从长远来看，伯克也挽救了这个产品。当时，公司内部存在一些压力，要求停止使用泰诺这个品名，改用新名称重新推出该产品。但伯克拒绝了。相反，他为泰诺更换了新的防窃启包装，重新上市销售，充分展现了公司对安全的承诺，缓解了公众的担忧。整个行业紧随其后，纷纷采取了防窃启的产品保险措施，提升了消费者的安全感。不到一年，泰诺的市场份额就基本恢复，强生公司也成为危机管理的典范。

我终于明白，勇气不是不恐惧，而是战胜恐惧。

——纳尔逊 · 曼德拉

在企业勇气和危机价值的问题上，我自己在迈入职场的早期也有过很多教训。当年，在我们的初创企业还没有发展为美国在线，没有推出美国在线的服务之前，公司曾经花一年多的时间与苹果公司共同开发了一款名为 AppleLink 的在线服务，使用的是苹果的标志。我们这家年轻的初创公司在编写软件和后台技术方面投入了大量时间和资源。然而，这段关系从一开始就麻烦不断。苹果一直对让别的公司打着苹果的旗号运营产品或服务的想法感到不爽，更不用说我们还是一家初出茅庐、羽翼未丰的初创公司了。一天早上，我们终于等来了一通让人胆战心惊的电话——苹果取消了我们的交易。

我丈夫在他那本名叫《互联网第三次浪潮》的书中回忆了当时接电话的情景。[93] “好比一个下午就把悲伤的五个阶段全经历了一遍。”他写道。我们绞尽脑汁想办法拯救公司，但选择很有限。最后，我们决定采用我们已经开发好的技术，用它来推出我们自己的在线服务。“我们需要创建自己的品牌，自己做营销来推动它，自己掏这笔费用。”史蒂夫当时说。但是，和苹果的交易已经结束了，做事情需要的资金从哪儿来？在与苹果高管进行了一系列对话之后，我们达成了服务终止协议，获得了一笔 300 万美元的赔偿。放到今天，这笔钱恐怕不足以让许多年轻公司活下去，但当时它可真救了我们的命。

我现在还记得那一刻如释重负的感觉。是的，当我们自己迈出独立自主的一步时，多少还是有点儿害怕的。但是，摆脱了与苹果剪不断理还乱的关系，我们胸中升起了一股新的活力和热情。我发现自己实际上很期待每天可能带来的各种挑战。那时，我的工作是领导公关宣传、营销和品牌推广，把这项新服务的规模做起来。我们选择了一个新名字——美国在线，同时喊出了一个新口号：“让美国在线。”我们知道必须要争分夺秒，因为我们资金有限，还要用这点钱把一个新产品推广出去。所以我们紧紧团结在这个使命周围，化危为机，让紧迫感克服任何残存的恐惧。

人生要么是一场大冒险，要么什么也不是。

——海伦·凯勒

处于危机时刻的企业可以令我们体会到让紧迫感战胜恐惧的力量，那些经历过艰难时期的男男女女的勇敢故事，也能起到同样的作用——疾风劲草，大浪淘沙，总会有一些面对恐惧仍然做出一番非凡事业的人，在严峻的考验面前脱颖而出。

在本书前面的章节中，我提到过我的德裔外祖父母，我对他们有着极大的敬意。他们在 20 世纪 20 年代离开家乡，那时，一场丑恶的运动正在德国风起。纳粹党很快就上台，他们所利用的，正是生活在第一次世界大战后一片经济废墟之中的人们的恐惧。作为一个孩子，当我开始学习德国历史时，我经常会甩给外祖父母一个又一个让他们感到为难的问题：你们能帮助我理解纳粹党的崛起吗？你们能解释一下那些看到威胁却没有办法阻止威胁的公民的无所作为吗？当你们的同胞被送进集中营或被当街枪杀时，怎么可能还有那么多人仍然可以保持沉默？我的外祖父母无言以对。对于他们以前的那个祖国，这些问题同样让他们备受煎熬。

也许是因为我的家族与德国这种千丝万缕的关系，我开始着迷于那些伸出援手、为有需要的人提供庇护，或在抵抗运动中发挥作用的普通人的事迹。而最吸引我的，是那些冒着生命危险在战争中庇佑和保护犹太人的故事。从那时开始，我阅读了许多关于勇敢和牺牲的报道，其中《密室》一书的作者彭柯丽（Corrie ten Boom）的故事令我感触尤深。

战争爆发时，彭柯丽已经五十出头，尚未结婚的她与父亲和妹妹住在一起。[94]（也许是因为第一次听到她的故事时我还只是一个十几岁的半大孩子，我无法相信这么一个人居然会挺身而出，成为名垂青史的英雄，简直太不可思议了。）一瞬间的大胆之举造就了彭柯丽在抵抗运动中的无畏角色，那一刻她没有瞻前顾后，那一刻她选择挺身而出。一天早上，彭柯丽在家里的制表店上班（她是荷兰第一位女性制表师），突然听到街对面传来一阵骚动。从窗户望出去，她看到几个纳粹分子用枪押着一位犹太邻居，将他推到大街上。然后，纳粹分子跑回他的商店大砸特砸。彭柯丽从她的工作台站起身，冲到那位无人看管仍在发愣的邻居面前，抓住他的胳膊，带他快步穿过自己的钟表店，上楼躲进了她的公寓。

这次出于本能的行动拉开了彭柯丽双重生活的序幕。表面上，她是一位善良的与世无争的老人，但在幕后她是抵抗力量的一名战士。彭柯丽设法在她卧室一面墙后面建造了一处精致的藏身秘室，足以容纳 6 个难民。她甚至还建立了一个网络，帮助她藏起来的犹太人逃出阿姆斯特丹。通过她的努力，数百名犹太人得救了。

战争期间，彭柯丽的秘密行动未曾间断，直到 1944 年 2 月的那一天。敌人突然闯进家中的时候，她正因流感卧床休息。仿佛奇迹一般，士兵们没有发现那个藏身秘室。但彭柯丽和她的老父亲以及妹妹贝茜都被捕了。他们先被送到附近一个关押政治犯的监狱。由于身体虚弱，年岁已大，彭柯丽的父亲没能挺过恶劣的监狱生活。在他去世后，彭柯丽和贝茜又被送到了臭名昭著的拉文斯布吕克集中营，在那里，疾病、饥饿以及繁重得让人筋疲力尽的体力劳动都是家常便饭。彭柯丽和她渐渐虚弱的妹妹尽其所能帮助那些比自己还要悲惨的人。晚上，囚犯们聚集在一起，听贝茜朗读彭柯丽历经种种磨难偷偷随身携带的《圣经》，从那些给人以希望的话语中汲取力量。贝茜最后还是没能活下来，她于 1944 年 12 月去世。在她死后几天，彭柯丽意外获释。她回到阿姆斯特丹的家中，重新建立了与抵抗网络的联系，继续她的工作，直到 1945 年 5 月盟军解放荷兰。

第一次读到彭柯丽的故事时，我只有 15 岁。我一口气把书读完，仍然感到意犹未尽。不久之后，我了解到《密室》已被拍成电影，而且彭柯丽会亲自在我家附近的一家电影院举行的首映礼上致辞。我简直不敢相信这是真的。当然，我去参加了首映礼。彭柯丽那时已经八十多岁，满头银发梳成一个小髻盘在脑后。见到她登台，我激动得眼泪都快下来了。她的演讲既令人感动，又鼓舞人心，给我留下了非常深刻的印象，即使在今天写这些文字的时候，当时的情景依然历历在目。电影结束后，我有幸又见到了彭柯丽——那一刻真是永生难忘。她有一种内在的美，仿佛灯塔一样闪耀着爱的光芒。她和蔼可亲，温文尔雅，但骨子里却又那么坚强，那么无畏，也因此成为那么多人心目中的英雄。

◆◆◆

至于我问我外祖父母的那些问题，我想他们都知道答案，即使说不出口。现在，我们也都知道了答案。恐惧制造了沉默。恐惧导致了无为。恐惧营造了心满意足的表象。

像彭柯丽一样，像我们之前重点介绍过的许多无畏的变革者一样，我们也经常在紧迫关头面临选择。我们可以把目光移开，自欺欺人，安慰自己，我们也可以利用这些时刻，让紧迫感战胜恐惧，改天换地，扭转乾坤。

1963 年，小马丁·路德·金牧师站在林肯纪念堂的台阶上，谈到结束种族隔离斗争“现在已经到了非常紧迫的关头”。他说：“现在绝非侈谈冷静下来或服用渐进主义的镇静剂的时候。”这番振聋发聩的话值得我们所有人认真记取和品味。

22

第一时间做出反应

作为一个国家，我们已经习惯于依靠训练有素的“快速反应部队”来应对危急时刻。但如果我们依靠的那些人没有行动起来怎么办？有时，会有某个意料之外的人或者组织扛起快反部队的责任，冲上来补位堵漏。

沃尔玛经常因为它的“帝国”打垮了美国大街小巷的夫妻店而成为众矢之的。[95] 作为美国最大的企业之一，在坐享高达数千亿美元的年收入的同时，沃尔玛及其拥有的巨大实力自然也会引起某些人的眼红和怨怼。然而，一场毁灭性的飓风让人们见识到了沃尔玛的真正力量。

2005 年 8 月 29 日，飓风“卡特里娜”袭击了路易斯安那州南部和密西西比州，新奥尔良大部分地区被淹没。近 2 000 人死亡，数千人被困在屋顶和临时避难所。很多人费尽力气赶到超级穹顶体育馆开设的紧急庇护所，结果却发现那里的条件极其恶劣，食物和水都不足。

作为美国官方应对自然灾害的快速反应部队，联邦应急管理局（FEMA）对危机轻描淡写，傲慢地拒绝了来自全美各地的援助。日子一天天过去，各种绝望的场面在新闻节目中轮番播报，让目睹这一切的美国人简直不敢相信自己的眼睛。

沃尔玛首席执行官小 H. 李·斯科特（H. Lee Scott Jr.）知道，他的公司在该地区拥有数百家商店，可以提供帮助。沃尔玛不仅投入了巨大的资源展开救援工作，包括装满 2 500 辆卡车的货物，而且斯科特还授权当地的沃尔玛员工来决定哪些物资对他们的社区最有用。斯科特向门店经理们发出了下面这条指令："你们中的很多人将不得不代你们的上级做出决策。利用届时可供你们使用的信息做出最佳决策，最重要的是，做正确的事情。"

其中一个故事充分显示了沃尔玛员工的主动性和大胆精神。密西西比州威夫兰市一家门店的助理经理杰西卡·刘易斯驾驶推土机清理了门店周围的废墟，把干粮、衣物、水和其他资源搜集起来散发给附近的居民。"她没有打电话给总部请求批准，"斯科特充满敬意地说，"她只是做了正确的事。就像我们成千上万名同事一样，他们都做了正确的事情。我很自豪地说，这是我们的文化孕育出来的特质。"

风暴过后，斯科特要求他的董事会和高管们思考沃尔玛造福社会的能力。[96]"如果，"他问，"我们利用我们的规模和资源，使这个国家和地球成为一个对我们所有人都更加美好的地方，包括客户、同事、我们的孩子以及未来的几代人，会发生什么？那将意味着什么？我们能做到吗？这符合我们的商业模式吗？如果许多人批评我们的原因——我们的规模和影响力，恰恰使我们成为所有人信任的朋友和盟友，像在飓风“卡特里娜”来袭时那样，又会怎样呢？”

我一直谨记做事要有紧迫感。只会学习是不够的，
我们必须去用。仅有意愿是不够的，我们必须去做。
——列奥纳多·达·芬奇

任何公司或任何人都有能力进入危机的核心并做出改变。华盛顿特区的一位名厨笃信这一点。

何塞·安德列斯（José Andrés）称自己是“新美国梦”的产物。[97] 他 20 岁时从西班牙来到美国，渴望在厨艺上一展所长，并利用自己的技艺在厨房之外开辟一片新天地。20 世纪 90 年代初，他应聘到华盛顿特区新开的一家名叫杰里奥（Jaleo）的塔帕斯餐厅担任厨师，这家餐厅很快成为华盛顿人的最爱。随着名气越来越大，何塞和他的商业伙伴罗布·怀尔德（Rob Wilder），在城市周边又开了其他几家餐馆。

我第一次见到何塞是在大约 15 年前，当时他正在为华盛顿对抗饥饿的组织“特区中央厨房”（DC Central Kitchen）举办一场募捐活动。（何塞是这家组织的董事会成员。）我注意到他有那么一股子干劲儿，做起事情来风风火火，但滴水不漏，一边大侃食物具有改变世界的力量，一边瞥见客人手中的酒杯空了马上再给满上，事情做得行云流水，无懈可击。

何塞致力于改变现状，这使他成为一个看似不太可能的第一反应者。2010年，海地发生毁灭性的大地震。从海地赈灾回来后，何塞成立了世界中央厨房组织。他说：“我们为人做饭，并向他们展示利用太阳的力量可以做什么。”那以后的几年里，他继续投入赈灾救济工作，在休斯敦、波多黎各和危地马拉等地发生天灾之后参与当地的灾后救援。他认为食物既是重要的营养，也是变革的媒介。到达灾区后，何塞首先会搭建一个临时厨房，在闷热难当的天气里，开启烹饪和备餐的日常模式，并录下视频放到社交媒体上，借此增加关注度，募集更多资金。（他还小心翼翼地向那些帮助他动员力量的公司和非营利伙伴公开表示感谢。）《华盛顿邮报》称何塞代表了“美国救灾的形象”。

何塞在波多黎各的工作堪称非凡。当时，飓风“玛利亚”横扫全岛，摧毁了正常的社会秩序，并造成严重的粮食和水资源短缺。何塞上岛以后，立即动员了一大批厨师、企业和各界人士为百姓提供食物。目标是迅速制订切实可行的计划，并为尽可能多的人提供膳食。救援的规模迅速扩大，从第一天只有一间厨房提供1 000份餐食，到最后设立了23间厨房，一天可提供175 000份餐食，何塞和他的团队成为岛上许多人赖以生存的生命线。最后，他们总计提供了逾350万份餐食。《纽约时报》称世界中央厨房组织是“由一群大厨组建的最大规模的紧急食物供给计划”。

在何塞创办世界中央厨房的同一年，时任美国国务卿希拉里·克林顿任命他为全球清洁炉灶联盟的烹饪大使。据估计，全世界有多达30亿人使用柴火烹饪食物或居家取暖，而这些火源并没有得到恰当的控制，柴火产生的烟雾会导致健康问题，包括感染、心肺疾病，甚至死亡。柴火对地球的负面影响也很大，不但导致林木的滥砍滥伐，还会将大量的碳排放到大气中。

何塞还在米歇尔·奥巴马创建的“行动起来”（Let's Move）运动中发挥了积极作用，重点宣传水果和蔬菜在健康饮食中的重要意义。为此，他开办了一家新的休闲素食快餐厅，略带调侃地起了一个“牛排餐厅”（Beefsteak）的名字，并以“释放蔬菜的力量”作为品牌主打广告语。在此期间，何塞还利用自己的平台（他于 2012 年和 2018 年两度被《时代周刊》评为世界 100 位最具影响力人物之一）为反对进一步限制移民进入美国摇旗呐喊。

尽管已经成为人生大赢家，但何塞仍然很谦虚。“我叫何塞·安德列斯，我是一名厨师，”2014 年，他站在华盛顿纪念碑下，向乔治华盛顿大学的毕业生发表演讲，“当克纳普校长请我在你们的毕业典礼上发言时，我想，为什么要请大厨？甚至我的女儿们也说，‘他们让你去为毕业生做演讲还是做午饭？’”学生们哈哈大笑，被眼前这位大厨迷住了。他确实只是一位厨师，但又不只是一位厨师。

何塞向毕业生们讲述了新美国梦，提醒大家说：“它与高薪工作、大房子或跑车无关。当然追求这些没有什么不对，但新美国梦更大。它是关于如何实现你的成功，同时在世界上产生影响。你为自己创造的一切，你也必须为他人创造。”

何塞体现了我们国家经历危机时经常目睹的那种无所畏惧的精神。想想 2017 年加州大火肆虐时行动起来的那些志愿者，其中有艾米丽·普特和希拉里·汉森两名年轻女性，她们救出了 150 匹被匆忙逃离的马主遗弃的马。想想休斯敦的吉姆·麦克英格维尔（Jim McIngvale），这位被称为“床垫麦克”（Mattress Mack）的小企业主，在2017年飓风“哈维”来袭之际，开放了自己的床垫商店，为被迫离开家园的数百人提供庇护。再想想拉斯韦加斯乡村音乐节上的乔纳森·史密斯，这位喜欢参加音乐节活动的歌迷帮助很多人逃离了美国现代历史上最致命的大规模枪击现场，而他自己却因此中了两枪。（还有一颗子弹留在了他的脖子里，医生担心取出子弹会造成更大的伤害。）日复一日，在美国，在世界各地，我们当中总会有一些人，通过无私无畏的行动在大家心中燃起希望的火焰，让所有人鼓起勇气，勇敢行动起来。

◆◆◆

保罗·里克霍夫（Paul Rieckhoff）从未计划过自己的人生，他喜欢顺其自然，随遇而安。[98] 从阿默斯特学院毕业后，他投身华尔街。“有一段时间我担心我们将成为一辈子没有见过大风大浪的一代人，”他在母校的一次演讲中告诉学生们，“没有召唤供我们响应。”之后“9·11”发生了。作为“周末战士”在国民警卫队服役的保罗自愿参军并被派往伊拉克，在那里他服役到2004年。回家之后，他发现这个国家对于如何照顾他们这些新一代老兵完全没有做好准备。从伊拉克和阿富汗战场退伍的军人很快意识到，没有人为他们大声疾呼，为他们争取帮助，来解决他们特殊的需求和关切。

保罗身着军装回到母校阿默斯特学院参观，有两位他从未见过的“越战”老兵在街上拦住他。“欢迎回家，伙计，”他们说，“现在我们需要你再次服务。”这次遭遇一下子使他萌发了创建伊拉克和阿富汗美国退伍军人协会（IAVA）的灵感。

很长一段时间里，保罗感觉就像是对着旷野呼喊，声音再大也应者寥寥。他认识到，我们这个国家确实充满了爱国精神，在士兵们齐步向前投入战斗的时候会为他们欢呼喝彩，打气加油。但是当老兵们带着身体上的伤口和心理创伤返回家园时，我们却又常常漠然以对，听任这些老兵拼命争取哪怕仅仅一份工作的机会。自十多年前成立以来，IAVA 已成为最具影响力的老兵帮扶组织之一，拥有近 50 万老兵成员。保罗的使命是将战场上感受到的紧迫感带回国内，而他也通过不懈努力，改变了整个游戏规则，带动了就业计划、心理健康资源、导师计划和社区建设倡议等一大批项目的开展实施。

“9·11”事件的紧迫感第一次让保罗改变了人生轨迹，响应了国家的号召。今天，帮助曾经无私奉献我们国家的男男女女摆脱困境的紧迫感再一次推动他继续前进。我深知保罗的为人，我敢说他一定会奋斗不息，直至使命的完成。

人们很容易认为在第一时间做出反应，未免流于莽撞，而我们又自认为没有那么勇敢。实际上，本章中的故事告诉我们，任何地方的任何人都可以在亲历危机时成为第一时间做出反应的人。你是否看到一场即将发生甚至还在持续的危机，正在召唤你勇敢面对，采取行动，做出回应？

23
“大脑黑客”行动

带着紧迫感行动的人与拖延症患者之间的区别，相关论述早已汗牛充栋。耐克有一句妇孺皆知的口号“Just Do It”（只管去做），而其中可能还蕴含着另一层含义：“不要花太多时间思考。”这似乎与我们大多数人在人生道路上收到的建议相矛盾。想想有多少次你听到别人说“别急！”或者“三思而行”。毫无疑问，“Just Do It”不可能是我们自然而然的一种反应。

意识到“只管去做”与“三思而行”这两种主张各有其价值，还是我第一次站在半空中准备蹦极的时候。当时，也许是一种正常反应，我的大脑命令我“不要跳”。我们希望自己的大脑告诉我们，不要冒可能危及自身生命安全的风险。但我仔细考虑了我所冒的风险，并确信不会出岔子。所以，倒计时开始，3……2……1，我跳了下去。那是将近30年前的事了，当然，一切顺利。

梅尔·罗宾斯（Mel Robbins）在她的著作《5秒法则》（*The 5 Second Rule*）中提出，如果你感到恐惧、有压力或者有拖延的冲动，那么“倒计时法”可以充当一个伟大的“大脑黑客”，让你行动起来。[99] 罗宾斯在《5 秒法则》开篇就描述了她生命中的一段黑暗时期，当时麻烦缠身的她甚至连起床的动力都没有了。有天晚上，她偶然看见一则火箭发射的广告，于是第二天一早，她也学着电视里的样子，大声给自己倒计时“5……4……3……2……1”——从床上一跃而起。对于罗宾斯来说，这是改变人生的一刻。在接受《Inc.》杂志采访时，她是这样描述倒计时法的：“当你鼓足勇气行动的时候，就没大脑什么事儿了。你的内心在说话，而你在认真倾听……5 秒钟对于触发大脑的快速行动部分以及限制大脑缓慢行动部分都有着至关重要的作用。决定并行动。”一旦触发，她说，你可以用接下来的 5 分钟专注于做你害怕去做的事情。“只要你用 5 秒钟决定去做 5 分钟，你就会打破这个循环并证明你可以面对压力。”

在赖安·巴宾诺（Ryan Babineaux）和约翰·克朗伯茨（John Krumboltz）合著的《做，就对了》（*Fail Fast, Fail Often*）① 一书中，两位作者也在题为《思虑过多会让你止步不前》的章节中对一系列研究成果进行了反思。[100] 而他们对于这些研究成果进行总结并得出的结论是：

> 你花越多的时间搜集信息和做出选择：
> - 你自己就会变得越无所适从，越犹豫不决；
> - 你就越有可能满足于现状，忽视更好的选择；

① 此处使用浙江工商大学出版社 2016 年 5 月中文版译名，译者刘秉栋。——译者注

- 你就越有可能让一些无关紧要的小事影响你的行为；
- 你就越没有在面对挑战时采取行动并坚持不懈的干劲。

这份研究成果很有趣，它也许有助于减轻那些别无选择只能采取行动的人的压力，就像我们的国家在面临历史上最严重的金融危机时的情况一样。2008 年下半年，经济像自由落体一样迅速下滑，通用汽车也处于崩溃的边缘。到那年年底，通用汽车的债务已经超过 300 亿美元。小布什在任期结束之际，批准了 170 亿美元的短期纾困计划，这笔钱可以救一时之需，但不能从根本上解决危机。

2009 年 2 月，白宫换届之后，通用汽车公司董事长里克·瓦格纳（Rick Wagoner）来到华盛顿，与奥巴马总统的汽车专责小组会面并请求帮助。破产不仅意味着通用汽车和克莱斯勒等公司要裁减数万个工作岗位，而且意味着它们的供应商也要裁员数万人。但国会并不支持纾困。许多人认为通用汽车是自身管理不善的受害者，作为一家私营公司，它应该承担后果。

形势不容拖延，必须迅速做出决定。面对这一局面，奥巴马总统和他的经济顾问们决定豪赌一把，批准向通用汽车和克莱斯勒提供 850 亿美元的紧急援助。当时谁也不可能知道这么做是在毫无意义地耗尽国库的财力，还是真的可以重振汽车工业。但不采取行动的风险是毁灭性的，因此紧迫感战胜了恐惧。

结果政策奏效了。奥巴马总统和财政部长蒂莫西·盖特纳（Timothy Geithner）采取行动的坚定意愿推动了经济发展，拯救了美国的一项支柱产业。但正如盖特纳指出的："你不能以结果如何来评判一项决策，而只能根据当时可以获得的信息来判断它是否有意义。”[101]

奥巴马总统及其团队的另一项无畏之举也体现了同样的紧迫精神。出于对有色人种和年轻人机会越来越少的担心，为了确保所有年轻人都有机会发挥其全部潜力，奥巴马总统宣布发起“我兄弟的守护者”（My Brother’s Keeper）倡议活动，旨在推动公共、私人和非营利性部门致力于解决这些问题。[102] 这项倡议后来促成了 MBK 联盟的成立，该联盟于 2015 年启动，意在扩大和持续这一使命。2017 年底，MBK 联盟成为奥巴马基金会旗下的一项倡议活动。凯斯基金会的子弟兵迈克尔 · 史密斯是第一批参与其中的人之一，他在白宫就开始领导这项事业，现在担任 MBK 联盟的执行董事。（迈克尔在帮助我们发展最初的无畏事业和传播无畏思想方面发挥了重要作用。）作为一名在充满挑战的环境中成长起来的年轻人，他是领导 MBK 联盟的不二人选。迈克尔是一位真正的创新者，任何认识他的人都能发现，他的生活是那么紧凑高效，永远都在处理我们社区中各种各样的问题，而他在日常工作中又表现出那么无畏的一种精神！

很容易看出，在白热化的状态下，人们会更加自然地诉诸“Just Do It”式的思维。也有无数的故事显示，很多人在距离危机只有一步之遥的时候找到了出路，以时不我待的紧迫感迅速采取行动，改变一切。

1954 年，伯莎 · 浩特和哈里 · 浩特夫妇——伯莎是护士，哈里是农夫兼伐木工人——坐在俄勒冈州的一所高中礼堂里，满脸疑虑地倾听鲍勃·皮尔斯博士（Dr. Bob Pierce）的演讲。[103] 皮尔斯博士是一名年轻的牧师，刚刚成立了一个新的救济组织“世界宣明会”（World Vision）。当时朝鲜战争已经结束，“联合国军”（其中绝大多数是美军）撤出朝鲜半岛，遗弃了一大批和韩国女人生下的混血儿童。皮尔斯博士播放了一部令人心痛的电影，讲述这些无家可归的孩子如何被看作“杂种”而遭到社会排斥。

浩特夫妇当时五十多岁，在“大萧条”时期也曾为了生存苦苦打拼，他们先在中西部经营一座农场，失败之后转去俄勒冈州，建立了一家锯木厂并最终取得成功。1950 年，一次心脏病发作让哈里坐上了轮椅，为了恢复身体，哈里卖掉了企业。由于康复比较顺利，心存感激的哈里告诉伯莎，他想用余生表达对上帝赐福的感恩之心。

银幕上那些被遗弃的韩国儿童的画面深深打动了浩特夫妇，他们开始向世界宣明会捐款。但是他们怎么也忘不了那些绝望的孩子。于是，在自己已经养育了 6 个亲生子女的情况下——其中有些还未成年，与父母同住——他们毅然决定再收养 8 个韩国孩子。但是，当他们试图办理领养手续时，一项法律条款挡住了他们的去路。这项法律规定，每个家庭只能收养一个孩子。得知只有通过国会立法才能修改这项法律条款之后，伯莎回答说：“那这就是我们要做的事。”

在哈里启程前往韩国开始准备领养的同时，伯莎在国会发起了一场游说运动。1955 年，国会通过了大名鼎鼎的《浩特法案》，浩特夫妇成功为他们的家庭增加了 8 个孩子，既有新生儿，也有蹒跚学步的小宝宝。但他们的努力并没有就此结束。到了第二年，浩特夫妇利用一栋救世军的大楼开办了一家收养机构，以帮助更多儿童进入美国，同时为家庭收养牵线搭桥。但他们发现，残疾或有特殊需要的儿童很难找到领养家庭。所以在 1961 年晚些时候，两人靠出售锯木厂筹集资金，在汉城开工建造了一处院落继续收养儿童。此后不久，哈里遽然离世，但伯莎继续努力，最终取得了成功。夫妻二人的事业一直坚持到 2000 年伯莎去世，而她本人在韩国被尊称为“浩特奶奶”。

对于使命，信念不息，由此激发的精神，坚定不移，这样的人哪怕只有很少一部分，也可以改变历史的进程。

——圣雄甘地

2017 年，我与一位密友——她本人就是浩特收养的孩子之一——一起参观了首尔的这座院落。设施目前由浩特的女儿莫莉管理，她现在也已八十高龄。尤其令我感动的是，院内设立了浩特博物馆，用以纪念奠基人和他们的功绩。在博物馆的入口处有一面墙，上面全是几十年来被领养的数千名孤儿的纤弱形象。这些照片组成了三个英文单词：“Love in Action”（爱在行动）。我们在大厅里漫步，徜徉在各种各样的纪念品、故事和文字记录中，成千上万条生命因为俄勒冈州尤金市一对谦卑夫妇的关爱与同情改变了自己的人生。他们不仅采取了行动，还发起了一场运动。

◆◆◆

在地球的另一端，玛尔塔·加布雷–沙迪克（Marta Gabre-Tsadick）花了几十年的时间来改善埃塞俄比亚人民的生活。[104]她和丈夫德米·特克尔–沃尔德一起，成立了一个名叫“慈悲项目”（Project Mercy）的组织，这是一个为埃塞俄比亚人和其他非洲国家的难民提供食物、教育、职业培训和医疗保健的非营利性组织。当史蒂夫和我2004年第一次拜访玛尔塔时，埃塞俄比亚正面临一场席卷全国的饥荒，而且形势日趋恶化，极为严峻和紧迫。我的朋友比利·肖尔告诉了我玛尔塔的情况，他是“同心协力”组织（Share Our Strength）的共同创始人，一直在美国筹集资金来帮助埃塞俄比亚的实地工作，我们也加入了这项工作。我告诉比利我想更好地了解埃塞俄比亚的挑战和机遇，他只跟我说了两个字：“走吧。”于是我们就去了。

那次旅行我仍然记忆犹新。我们驾车在一条拥挤的土路上颠簸了4个小时才来到偏远的耶特邦村（Yetebon），一路上还要避开四处乱跑的牛羊。当我们终于风尘仆仆地从卡车上下来时，走上前来迎接我们的玛尔塔用她温柔的神情和从内心焕发出来的神采深深打动了我。

同样令我们着迷的还有她漫长而精彩的人生历程。玛尔塔离开埃塞俄比亚到美国上大学时已经结婚并有了两个孩子，后来她于1954年回国，在著名的皇帝海尔·塞拉西（Haile Selassie）领导下担任埃塞俄比亚外交部的一名司长，之后又成为埃塞俄比亚第一位女参议员。1974年，埃塞俄比亚内战爆发，皇帝被新生的政权软禁，玛尔塔和德米担心人身安全，带着孩子们被迫逃亡。在经历了数月颠沛流离的希腊难民生活之后，他们得到印第安纳州韦恩堡一家社会机构的慷慨资助，来到美国，并在韦恩堡开始慢慢地重建自己的生活。由于仍然牵挂着留在国内的同胞，他们成立了“慈悲项目”。

20 世纪 90 年代初，埃塞俄比亚政府垮台了，玛尔塔和德米回到了他们的祖国，扩大了慈悲项目的工作范围。他们修了一个院子，历经多年扩建，现在已经在院内建成了一所学校、一个职业培训中心、一家医院和一个孤儿院。2013 年，美国参众两院的多位议员和美国国际开发署署长到访“慈悲项目”，实地调研这项重要工作的开展情况。后来，美国国际开发署署长拉吉夫·沙阿（Rajiv Shah）还宣布将在 4 年内向“慈悲项目”提供 200 万美元拨款，以扩大其医疗服务和营养计划。“玛尔塔的计划从全局出发，不是将个体单纯作为受恩者来对待，而是将个体视为增进埃塞俄比亚社会发展与活力的真正伙伴。你所要做的，”他说，“就是认识玛尔塔和德米这样的人，让他们知道未来的发展掌握在他们而不是我们的手中。”

“慈悲项目”的使命不仅仅是在饥荒时期提供食物，或者在每次危机来临时解决问题。“为了与贫困做斗争，你必须从许多不同的方向攻击它，然后将它彻底铲除，”玛尔塔说，“如果教育的唯一结果是让孩子们对目前有限的就业机会感到不满，我们就教育不好他们。光靠治疗营养不良的临床症状，我们也改善不了营养条件和农业生产。如果人们仍然需要使用同一个受污染的水源洗澡和饮水，我们就教不会人们养成良好的卫生习惯。只有在整个社区的经济条件得到改善的情况下，才有可能将清洁的水输送到每个家庭。”

哈里和伯莎、玛尔塔和德米，他们为我们树立了人生就要争分夺秒的榜样，即使他们投身的事业需要延续几十年或者几代人。历经多年磨砺，他们的行动化成比单纯的慈善救济更伟大的一项事业。他们凭一己之力，发动了一场新的社会运动。

哈佛大学肯尼迪学院的一位高级讲师马歇尔·甘兹（Marshall Ganz）指出："社会运动所做的一件事就是找到方法，让重要的事情变得紧迫起来。"他说的是气候变化，这当然是一项非常紧迫的任务，但它的影响只会随着时间的推移慢慢显现出来，因此对一些人来说可能不那么明显。

甘兹几十年来一直致力于社会运动的研究，他的一份感悟是，只有道德上的紧迫感才能促使个人采取行动。这种从内心深处迸发出来的正义感和行动的激情，往往伴随着希望或者一种可能成功的感觉。他说："你去研究任何社会运动的核心，都会发现有一批非常有责任心的人愿意冒险……这不仅仅是通过一项法律，骨子里它们是道德改革的运动。"

在黑暗的夜晚，我们每个人都会想，"当关键时刻到来时，我会有勇气站起来采取行动吗？"当然，紧迫关头可不仅仅是帝国风暴兵到达门口的时候。

1910 年，西奥多·罗斯福在担任 8 年总统后，发表了一个开创性的演讲，阐述了吹毛求疵、怨天尤人与面对恐惧仍然义无反顾搏击逆境之间的冲突。"荣耀不属于那些在一旁指手画脚的人，不属于那些对强者的失败品头论足的人，更不属于那些指点实干家在哪些地方可以做得更好的人，"他说，"荣耀属于那个真正站在竞技场里的人：他满面灰尘，血汗交加；他英勇无畏，执着拼杀；他一遍又一遍地犯错，倒下，因为只要有奋斗，就免不了犯错和倒下；但即便如此，他依然奋力向前，使命必达；他深知激情的重要和奉献的伟大；他毕生投身于崇高的事业；在最好的情况下，他终能品尝功成名就；在最坏的情况下，即使他失败了，也勇敢担当，毫不惧怕，绝不让自己的身边尽是那些冷漠和胆怯的灵魂，既未尝过失败的苦果，也从来没见过胜利的鲜花。”[105] 罗斯福说的是“他”，但在今天，这番话其实代表了所有听到命运召唤的人，所有燃起奋斗激情的人。

教授、作家和演讲者布琳·布朗（Brené Brown）在撰写《活出感性：直面脆弱，拥抱不完美的自己》① 时，心里想的就是老罗斯福的这篇肺腑之言。[106] 布朗长期关注和研究羞耻感和恐惧感造成的严重后果，她相信要想做到“毫不惧怕”，就需要抛开自我怀疑，不能面对不确定踟蹰不前。她写道：“如果我们消耗自己的生命，只是为了等待我们臻于完美或者练就刀枪不入的金刚之身再进入竞技场，那我们最终就会白白牺牲很多可能再也无法挽回的关系和机会，我们也将浪费宝贵的时间，辜负我们的天赋，放弃只有自己才能做出的独特贡献。”

正如本章中的故事所表明的，紧迫感是一种强大的推动力，可以让你勇敢无畏地走进竞技场。你的生活中是否有非常重要的事情

① 原书名为：Daring Greatly: How the Courage to Be Vulnerable Transforms the Way We Live, Love, Parent, and Lead。此处使用 2015 年 3 月湖南科学技术出版社中译版的书名，译者刘勇。——译者注

可以召唤你紧急行动起来？想想玛尔塔，面对生命的威胁，她背井离乡，但她并没有逃避或畏缩，而是在紧迫感的驱使下，行动起来，帮助他人创造更好的未来。浩特夫妇知道韩国有一大批孩子生活无着，于是赶忙伸出援手，彻底改变了一切。老罗斯福的著名演讲提醒我们，尽管困难重重，尽管面临失败和不足，我们仍然可以做出勇敢奋斗的选择。我们每个人都应该让危急时刻的紧迫感战胜我们的恐惧，推动我们前进。

24

行动起来，成为“那个人”

杰夫·贝佐斯在2010年的毕业典礼上对普林斯顿大学的学生们说：“我们的选择塑造了我们的人生。”[107] 他的演讲通篇强调了选择行动的重要性。但读到这篇演讲时，我意识到他的本意是让紧迫感战胜恐惧。最引人注目的部分是，杰夫提出了一系列有针对性的问题，这些问题使毕业生们不得不深入思考他们将要为自己的人生做出哪些最重要的选择。这里不妨与各位读者分享其中的一些问题：

> 你将如何使用自己的天赋？你会做出什么选择？
> 你是听凭惰性左右，还是追随激情的指引？
> 你是接受教条的束缚，还是不忘初心、保持本色？
> 你会选择一种安逸的人生，还是奉献和冒险的人生？
> 面对困难，你选择放弃还是坚持？

这些问题针对的是大学毕业生，而我之所以把它们列在这里，是因为它们也是任何渴望不虚度一生的人都应该扪心自问并做出回答的问题。迈向伟大的第一步，就是决定成为一个不随波逐流、不随遇而安、不接受命运安排的人。

我们每个人对世界会产生怎样的影响，归根结底取决于我们自己。如果你在读这本书，那我可以假定你确实有一种强烈的欲望，想要做出一番事业，想要拒绝平庸，做出改变。所以，选择你的竞技场吧。你可以通过商业、艺术、教育、社会运动、政治来改变，你可以从身边的邻里亲朋做起实现改变。你的道路，由你来决定。

毫无疑问，一小群有思想的人可以改变世界。事实也一直如此。
——玛格丽特 · 里德

管理顾问汤姆 · 彼得斯（Tom Peters）在他的《卓越红利》（*Excellence Dividend*）一书中描述了传统组织在采取行动之前往往过于依赖精心细致、深思熟虑的分析，而年轻组织则通过紧迫的行动脱颖而出。[108]“没有什么大计划，”他写道，“根本就没有计划。起点就是开始。”所以开始吧，走彼得斯所说的路吧，“试多者赢——谁尝试的事情最多谁就是赢家”。

哈佛商学院的约翰 · 考特（John Kotter）曾经指出，没有人愿意承认自己是一个安于现状的自满之人。[109]是的，大家都很忙。如果你问别人，谁都会列举出一大堆自己参与的事情。但我们在这里讨论的东西有点不一样。它是需要一些勇气的。请扪心自问：换作是你，你能像彭柯丽那样勇敢无畏吗？你能像沃尔玛的杰西卡 · 刘易斯一样，登上推土机，冲进瓦砾堆里去寻找补给物资吗？你能学习奥普拉或阿斯特罗·泰勒的精神，以失败为师吗？你能像厨师何塞·安德列斯那样，把平凡的工作与伟大的使命结合起来吗？你能像浩特夫妇那样，发现需要并且立即行动，找出你个人能提供帮助的方法吗？

你敢不敢大声说出下面的话：

- 我就是那个可以找到办法，解决这一问题的人。
- 我就是那个在紧急关头敢于挺身而出的人。
- 我就是那个当公司需要创新和开拓的火花时甘冒风险、冲锋在前的人。
- 我就是那个愿意照顾掉队者的人。
- 我就是那个在别人沉默不语的时候仗义执言的人。
- 我就是那个讲述需要讲述的故事的人。
- 我就是那个即使心提到嗓子眼儿也敢于行动的人。

你会决定成为“那个人”吗？秘诀是：它不需要非凡的能力、超凡的魅力或任何特殊的优势。人们成为英雄不是因为他们拥有非凡的力量，而是因为他们在紧要关头简单地选择采取行动。

现在是让我们所有人做出决定的时候了，我们是驻足不前，还是全身心地投入有意义的人生。我真诚地希望你们能感受到这种紧迫感，并以此作为一种内在的力量，选择与那些迈步向前的人为伍。那个声音呼唤的，就是你。

尾　声

重返诺莫，寻找不凡

人们说，一扇门关上，会有另一扇门打开，但这句话通常是一种比喻或者象征。我现在说的不是比喻，飞机的舱门在华盛顿机场关闭，不久之后，当另一个舱门打开时，我已身临美国心脏地带的某个小镇，仿佛从一个世界来到另一个世界。

这是我丈夫的主意，他让我一个人回到我长大成人的小镇，在那里动笔写这本书。他恐怕不会知道，经过一段时间，我慢慢爱上了它。当然，不是某个人，而是这个抚养我的小镇。我的价值观形成于斯，最终引领我成长为今天的自己，我的性格塑造于斯，即使后来刚过青春期我就离开了这里，远走高飞。

我回到诺莫，想在这里思考一些深刻的人生问题，想在这里寻找完美的人生答案。小镇上早已没有我的家人，我只能去墓地给过世的亲人扫扫墓。不过，从我通过爱彼迎租住的房子出来，一拐弯就是我外祖父母曾经住过的老宅子，这样的安排令我无时无刻不沉浸在往昔的回忆里。我租了一辆自行车，在写作的间隙骑着它闲逛。每天，我都会路过外祖父母的老屋，仿佛老熟人一样冲它点头示意。我从来没有敲门向现在的主人介绍自己。仅仅待在一个拥有如此多珍贵回忆的地方附近就足够了。

我住的也是一幢有一百多年历史的老宅，但经过了精心的修复和重装。不过，我并没有忘记它的过往，因为这个地方我实在太熟悉了。这幢房子的地基很坚固，支撑着整个建筑经历了一个多世纪的沧桑变化。而它最值得称道同时也最具特色的地方，也都原汁原味地保留了下来，并且进行了精心修复，重现旧日的风采，包括波浪纹样的磨砂玻璃，大量的桃花心木装饰，以及一个弧形露台，站在露台上可以俯瞰绿树成荫的超大院子。在静谧的夜晚，或洒满阳光的清晨，人们几乎还可以听到 20 世纪初第一个住在这里的家庭的回声。

在安静的独处中，我想到我们也有地基，从生下来就已奠定，我们也有特殊的性格和品质，需要悉心呵护，以免它们随着时间的流逝而伤痕累累或消磨殆尽。还是孩子的时候，我们喜欢三下两下爬上高高的树，尝试新鲜和刺激，而没有太多考虑到自己的局限性。而跌倒时，我们会站起来继续前进。对我来说，这就是诺莫的平凡生活。但是这种无畏的生活其实一点儿也不平凡。

所以问题就来了，我们每个人该如何在内心深处找到一条属于自己的路，也许不是重返平凡，而是重返我们早年那个更加无所畏惧的自己，听他在耳边低语："我敢，你敢不敢呢？"

我写这本书是因为 6 年来我一直在分享无畏的原则，同时也有无数的男人和女人回来告诉我，这些原则是如何激励他们的。一个来自圣母大学的年轻的 MBA 学生把他的职业重心转向了公众参与。一位妇女几十年来一直酝酿着为镇上建一个新博物馆，现在正朝着这一目标迈进。我总能听到这样的故事，而故事的主人公既有公司、非营利性组织、企业家和社会活动家，也有普普通通的人，被激励着，被鼓舞着，大胆无畏，甘冒风险，重视失败，朝着自己的梦想前进，在广阔的世界大展身手，成就一番作为。希望有一天，我也会收到你的来信。

行动起来，改变世界！

致 谢

下决心写一本书，然后写完它，这个过程因人而异，每位著书人恐怕都别有一番滋味在心头。对于那些完成了处女作的人来说，一俟手稿付梓，就会产生一种倾向，希望尽可能多地感谢帮助过自己的人，不仅要感谢那些以各种方式对本书做出具体贡献的人，也要感谢自己人生中遇到的良师益友、至爱亲朋。所以，我在这里也要对很多最重要的人聊表敬意，正是他们的影响和激励带领我行至时下这个妙不可言的时刻，从容地坐在那里准备出版我自己的第一本书。此外，还要感谢那些在过去 6 年里发挥核心作用，与我们一起在生活中践行无畏原则的人。他们中有些人我在前文已述及，对他们的故事也着墨颇多，而其他人的名字则是第一次出现在这里。

我丈夫史蒂夫，是最早鼓励我写这本书的人。我第一次与他分享最初的研究成果时，他就被无畏原则所吸引，而且敏锐地意识到在不同部门以及背景各异的人群之间鼓励这种创业思维所蕴含的潜在力量。后来，史蒂夫看到“无畏”理念的传播引起如此强烈的共鸣，就建议我写一本书，向更多的人传达这一思想。史蒂夫是凯斯基金会的董事长，虽然我们是基金会的共同创始人，但我仍然要感谢他对我们这项公益事业的慷慨贡献，感谢他对我们长期大规模财力投入的大力支持，感谢他在过去21年里为推进我们的慈善事业提供的无法用金钱来衡量的真知灼见。他是卓越的领导者、杰出的创新者，是我一直以来的学习偶像和成长导师，有他做我的人生伴侣，我深以为幸。在这本书的写作过程中，史蒂夫像我们平时过日子一样鼓励我、激励我，对我每个阶段的心血和付出都表达了爱的支持。毫无疑问，因为有他，我的人生之路会走得更加勇敢无畏。

我们的再婚大家庭有5个千禧宝宝：我的两个女儿尼基和凯蒂；他的儿子埃弗雷特（以及埃弗雷特的妻子米甘）和女儿安妮、凯蒂。做妈妈使我的生活丰富多彩。回顾自己多年来的无畏旅程时，我可以清楚地看到孩子们对我世界观的影响。我从他们身上学到了很多，也因他们改变和丰富了我自己的很多观点，并目睹了他们这一代人所蕴含的改变世界的潜在力量。做妈妈是我一生中最荣幸的特权之一，我很感激与我所爱的家庭在一起的每一天。我女儿的生父丹·维拉纽瓦也奉献了他的爱和支持，我很感激他在女儿们生活中扮演的重要角色。

决定写这本书以后，我便求助于我最宝贵的同事、凯斯基金会董事（和朋友）罗恩·克莱因。罗恩曾担任两位美国前副总统的办公室主任，人生阅历之丰富足以成书立传。他非常了解我们多年来在无畏原则指导下开展的工作，也曾提供很多宝贵意见，玉成此书面世。为了给著书开一个好头，罗恩大胆鼓励我争取鲍勃·巴内特（Bob Barnett）担任我的图书经纪人。鲍勃在出版业享有盛名，担任过多位前总统和社会名流的图书经纪人，也因此成为华盛顿特区无人不知的出版名人。多年来，鲍勃的妙手点拨曾让无数著作畅销于世。我非常感谢他接受一个初出茅庐的新手的出书委托，更要感谢他的鼓励、睿智、风趣以及在整个过程中各个环节提供的宝贵的专业知识。

鲍勃·巴内特建议我考虑与一位合作者合作，并安排我与凯瑟琳·惠特尼（Catherine Whitney）会面。凯瑟琳是一位在出版业久经阵仗的资深大家，同时也是一位畅销书作家。鲍勃知道我对自己写的故事有着极高的热忱，因为这些故事传达了无畏的原则，所以他明智地建议可以让凯瑟琳提供宝贵意见、进行详细审校，对手稿进行修改润色。我一见到凯瑟琳，就觉得这是命运的安排。从第一次见面开始，我就能清楚地看出来，她和我一样，都热切地期望让这本书的立意更高，让我们强调的故事讲得更精彩。在凯瑟琳的巧手帮助下，我和她一起对这些故事进行编辑、调整、筛选，确定了它们在书中的最终位置和组织架构。在这个过程中，我对凯瑟琳的尊重和真挚的感情越发强烈。我感到如此幸运，能与这样一位世界级水平的合作者共事，我感觉（并且希望）她能成为我一生的朋友。

如果没有西蒙与舒斯特出版社（Simon & Schuster）强大的团队从项目一开始就给予鼎力支持，这本书是不可能问世的。我尤其感谢乔纳森·卡普（Jonathan Karp）和理查德·罗勒（Richard Rhorer）提供的指导和洞见，以及普里西拉·佩顿（Priscilla Painton）和梅根·霍根（Megan Hogan）两位充满活力的搭档，他们事无巨细的指引帮助确保著书工作始终在正确的方向上顺利推进。

我将永远感谢珍·古道尔博士为这本书写的序。珍是一位非凡的无畏楷模，而且从很小的时候就表现出无畏的品质。她的故事提醒我们，当我们下定决心，开始豪赌时，有时缺乏培训或教育可能反而是一个优势。珍毕生追求动物和人的正义与公平，这深深地鼓舞了我。很少有人能做出这样的成绩，我很感激我在国家地理学会的工作让我与她之间建立了友谊。

无畏原则的知识产权属于凯斯基金会，而不是我个人，这是一项恰如其分的安排。如果没有我们整个团队的帮助和支持，我是不可能写成此书的。从最顶层的高管到大学实习生，作为一个团队，我们一起研究、辩论，为每一段文字汇集成书而欢呼雀跃。这本书不是编纂委员会的集体成果，而是我们共同信念的一种深刻的思想表达，在这些原则的宣传上，讲故事可能是最好的办法。在这一过程中，山姆·海特纳（Sam Heitner）和路易丝·斯托姆（Louise Storm）两人提供了格外出色的帮助和支持，应该专门予以感谢。他们全身心地投入成书过程，仿佛这本书是他们自己写的一样，不但提供了有价值的见解和评论，也在整个过程中帮助我保持专注和积极的态度。我也很感激萨拉·科赫（Sarah Koch）的贡献，她和我一样，带来了多年以来在凯斯基金会教授和分享这些原则积累的经验，同时对于在宣传过程中特别容易引起共鸣的内容有着敏锐的感知。她指导了很多故事背后的研究工作（和我们的实习生威尔·波茨一起）。杰丝·泽茨曼带来了她的营销和社交媒体才能，而贾德·弗洛伊德以其过去 6 年中坚定不移的承诺，为我们在本书内容策划过程中考虑的所有途径带来了重要的全方位视角。而如果没有布莱恩·萨瑟（Brian Sasscer）长期的指点和引导，我是不可能胜任我在凯斯基金会的工作的。布莱恩本人早在美国在线时代就曾与我共事，后来又长期担任凯斯基金会的高管，其资历之深已成为我们的宝贵财富。布莱恩与迈克尔·史密斯、阿里·博恩斯和埃里希·布鲁克萨斯等几位前凯斯基金会的同事，共同组成了6年前与我合作的最初的执行团队，首次为无畏原则赋予了生命。从某种意义上说，他们是我这一事业的共同创造者，在本书定稿的过程中，每个人都为手稿提供了宝贵的见解。最后，我也要感谢我们凯斯基金会的董事会在过去6年里对这项工作的热情支持：肖恩·格林尼、道格·霍拉德依、多娜·霍伊尔、罗恩·克莱因、朴松、约翰·萨宾、索娜尔·沙赫和史蒂夫。

除了凯斯基金会团队之外，我们的撰写工作还得益于三位重要人物贡献的专业知识。第一位是BBMG的拉斐尔·本波拉德（Raphael Bemporad），他研究了我们在凯斯基金会的工作，并搭建了总体框架。后来，我们又邀请布拉德·罗克和辛西娅·吉布森博士对一个简单的问题进行了研究：不同部门和不同时期发生的变革性突破有哪些共同因素？为了回答这个问题，他们检索了大量数据，最终发现了我们在这本书中强调的5大原则。我们感谢他们对这本书做出的重要贡献，使我们的无畏之旅从一开始就走上了一条坚实的道路。首次启动这个项目时，我们邀请了几乎所有领域、所有风格的领导者来到凯斯基金会见证这一特殊的时刻。我们向沃尔特·艾萨克森（Walter Isaacson）、参议员马克·华纳（Mark Warner）、汤姆·蒂尔尼（Tom Tierney）以及前总统乔治·W.布什和劳拉·布什的女儿芭芭拉·布什表达最深的谢意，他们从一开始就对这项工作给予了大力支持，所以这本书的面世也有他们的一份功劳。在我们的发布会上，数百名合作伙伴通过网络广播加入进来，他们随后在自己的组织和网络中分享了这些原则。时至今日，我们仍然非常感谢许多人的积极参与和热忱。6 年后，在罗斯 · 贝尔德（Ross Baird）、吉纳维夫 · 瑞安（Genevieve Ryan）和布拉德 · 费尔德（Brad Feld）对这本书早期版本进行审定时所提供的指导意见中，也体现了同样的精神，他们的参与也表明，积极接触那些能够提供不同观点的人，对于改进你启动的每个项目具有非常重要的意义。

如果没有这么多呵护我、启发我、关爱我、鼓励我的人的爱和支持，这本书是不可能写出来的。我无法用言语来形容我的母亲诺玛 · 诺顿和我的外祖父母欧内斯特 · 鲍姆加滕、安娜 · 鲍姆加滕在我生命中发挥的重要作用。他们是无畏人生的典范，是致力于实现超越自我的梦想的楷模。感谢我的两位哥哥杰克和吉姆，他们在我的一生中一直支持我，也感谢我已故姐姐朱迪的爱。我和杰克现在仍然几乎每天都会通话，他仍然是我的爱、支持、鼓励的核心源泉。我早早就把这本书的手稿寄给杰克，让他一睹为快，而他只用了几个小时就读完了，然后充满自豪和热情地给我回了电话，还提供了许多宝贵的反馈。另外，我也很感激凯斯家族这个“奥哈纳”（夏威夷语，意为“家族、家庭”），自我嫁给史蒂夫后，我一直为拥有你们而感到幸运。2001 年，史蒂夫的弟弟丹死于脑癌。丹自己就堪称一位无畏的领袖，他的一生仍然鼓舞着我们。他与妻子斯塔茜、史蒂夫和我共同创立了加快脑癌治愈组织（Accelerate Brain Cancer Cure，缩写为 ABC2），致力于在未来几年加快步伐，治疗和治愈这种可怕的疾病。

我很感谢我的密友吉尔 · 钱德勒（Jill Chandler），作为一个来自韩国的孤儿，她让我领略到了另一个非凡的人生世界。我很荣幸地认识了她在密歇根州的养父母，在 20 世纪 60 年代，已经育有三个亲生子女的他们在强烈的使命感的驱使下飞往汉城（今首尔），带回了他们视若己出的家庭新成员。一年后，又有一个韩国孩子加入了这个大家庭。非常感谢吉尔允许我在这本书里着重讲述了她的故事。早在我加入美国在线并品味此后非凡的人生经历之前，吉尔和我就已经是多年的老朋友了，她一直陪伴着我，翻过人生的每一个章节。她坚定的支持和在我们家庭中的特殊作用对我来说意味着我的全部。

黛安·赖特（Diane Wright）几十年来一直是我的灵感源泉。作为一位训练有素、才干过人的律师，同时又是我的好朋友，黛安最近几年一直在不懈地致力于通过非营利和宗教领域的服务，让世界变得更加美好，而她的做法在这些年也让我深受启发。我们两人经常在清晨沿着弗吉尼亚州波托马克河边的一条树木繁茂的小路远足，一边走，一边谈，评估我们各自生活的无畏之举和人生目标，思考信仰在召唤我们为他人服务中发挥的作用，这样的经历让我永生难忘。

唐恩·布鲁克萨斯（Dawn Broksas）是与我共事了 18 年的同事，我们的友情值得我倍加珍惜。唐恩在我生活的各个方面都发挥了重要作用，她总是默默地把每一件事情打理清楚，安排有序，让我享受充分的自由和灵活，优先处理最紧迫的事项，外出旅行，与我最亲近的人时刻保持联系并取得他们的支持。唐恩和我都是中西部的草根出身，所以，聆听她对这本书的意见当然就有了无可估量的宝贵意义。

我六年级的老师和毕生的挚友卡罗尔·妮尔（前文曾述及）为这本书提供了重要的评论。她发来的短信、打来的电话以及她对全书基调的细致观察确保了这本书能够打动来自各个行业、各个阶层、各种背景的人。我还依靠她来印证我对早年的回忆，那时的她扮演了不容忽视的重要角色。我们一起为当年她讽刺我的作品大笑不已，因为她不仅是我的老师，有一段时间还曾担任毕业纪念册工作小组的校方顾问，而我是编辑……没想到她查我的作业，一查查了这么久。在卡罗尔的帮助下，我很小就燃起了信仰的火苗，真正激励我以她为榜样，开启了服务他人、造福社会的人生旅程。

我对文字和历史的热爱源自我高中两位老师的启蒙，英语老师露丝·特里普和历史老师鲍勃·比文。他们为我打开了新的世界，给了我信心，让我无所畏惧地培养自己的好奇心，丰富自己的思想，并通过文字表达出来。肯·沃克斯生前鼓励我追求卓越，为我树立了自我约束、坚持不懈的榜样，让我懂得一个更加重要的道理：要把自己的才华和本领用于追求更高的人生目标。

我在这本书前文曾提到国会议员 E. 克莱·肖先生，他对我早年人生历程的重要影响，无论用什么语言来描述都难及其一。他是一位真正的绅士，一心一意地爱着自己的妻子和家庭，代表他的社区和国家毫无保留地投身于政治生活。在一个太多政客都不那么高尚的时代（尤其是在年轻女性的问题上），克莱以其个人品格和职业操守为世人所敬重。他去世后，劳德代尔堡市市长主持举办了缅怀他的追思祈祷早餐会。我有幸在现场讲述了他在我人生中发挥的重要作用。有千余人到场纪念这位受到无数人爱戴的长者。

国家地理学会那些无所畏惧的男男女女，也为我宣传无畏精神提供了取之不尽的灵感。我在这本书中分享了一些国家地理的故事，这些故事都已在我的心中蕴藏已久，甚至可以脱口而出。每天，我都敬畏于在国家地理工作中遇到的无畏之举，从长年从事野外工作的探险家和摄影师，到那些在总部默默奉献的人，他们不知疲倦地为前方提供支持，通过文字和图片的力量为科学和探索注入活力。我感谢国家地理学会和国家地理合作伙伴协会董事会的非凡努力，有幸担任这两大机构的董事会主席，我深深折服于他们自身表现出来的无畏品格，勇于承担风险，建立意想不到的合作伙伴关系的作风，以及敢于豪赌，为将国家地理的工作提升到前所未有的重要位置而努力奋斗的精神。我尤其要向 E. 约翰 · 费伊、加里 · 内尔和迈克 · 尤利卡表达敬意，感谢他们发挥的领导作用，为整个组织奠定了无畏的基调。此外，我还要感谢艾玛 · 卡拉斯科、托德 · 乔治拉斯、考特尼 · 罗和托德 · 赫尔曼，他们参与验证核实了书中许多与国家地理有关的内容。

我感谢哈佛商学院社会企业计划（Social Enterprise Initiative）、斯坦福商学院慈善与社会创新中心（PACS）以及乔治敦大学比克中心（Beeck Center）的各位领导，让我有幸参与各种讲学活动。我尤其要感谢汤姆 · 蒂尔尼、劳拉 · 阿里拉加 – 安德森、阿尔贝托和奥尔加 · 玛丽亚 · 比克、索娜尔 · 沙赫和金 · 梅雷迪思。与这些伟大的机构和人合作，使我受益匪浅，深受启发，我们已将这些知识和灵感融入凯斯基金会的工作，让它们发挥更大的作用。

我还要感谢全美各地的多所大学，感谢它们欢迎我们通过课堂、大型演讲活动或校际宣传宣讲无畏精神和原则。这些站在大学社会创新前沿的推动者，尤其是学生，让我们时刻保持戒骄戒躁的警醒态度，始终确保这项工作不忘初心，真诚以对。

此外，我也必须要感谢我在其他组织就职时共事过的几位首席执行官，包括智囊团加速器基金会的约翰 · 雷尔、ABC2 的马克斯 · 华莱士、脑镜公司（Brainscope）的迈克尔·辛格和白宫历史协会的斯图尔特·麦克劳林。他们给予我的启发和鼓舞，令我永志不忘。

最后，我要感谢这些勇敢无畏的主人公，无论男女老幼，无论出身和背景，也无论他们的故事出现在这本书里，还是通过我们的无畏视频系列、案例研究以及演讲活动的重点介绍而为世人所知晓。就像其他人一样，我也有过犹豫，有过动摇，质疑过自己的无畏。但我欣然看到，有那么多的个人和组织，他们每天都在豪赌、冒险、重视失败、开门造车、让紧迫感战胜恐惧，激励着我们所有人勇敢无畏。

附　注

清单 1：敢于豪赌

1. 从现在做起，评估你拥有什么

1. *It wasn't long before* [Barbara Van Dahlen]: Jean Case, "Fearless Spotlight:Barbara Van Dahlen." www.casefoundation.org, March 30, 2016; also www.giveanhour.org.

2. *That woman was Madam C.J. Walker*: A'Lelia Bundles, *On Her Own Ground: The Life and Times of Madam C.J. Walker*. Scribner, 2001; madamcjwalker.com.

3. *In the late 1990s* [Brian Chesky and Joe Gebbia]: "How I Built This: Joe Gebbia." NPR, October 17, 2016; Leigh Gallagher, "The Education of Airbnb's Brian Chesky." *Fortune*, June 26, 2015; Catherine Clifford, "How the Cofounder of Airbnb Went from $25,000 in Credit Card Debt to Running

His $30 Billion Company." CNBC, June 30, 2017.

4. *Imagine being a college student* [Rachel Sumekh]: "The Swipe Out Hunger Founder Is the Robin Hood of College Meal Plans." *LA Weekly*, May 3, 2017; Katie Lobosco, "She's on a Mission to Make America's Colleges Hunger-Free." CNN Money, June 12, 2017.

2. 大胆无畏，孤注一掷

5. *I was too young to remember*: President John F. Kennedy, "Excerpt from the 'Special Message to the Congress on Urgent National Needs.' " May 21, 1961; John Geraci, "What Your Moonshot Can Learn from the Apollo Program." *Harvard Business Review*, April 4, 2017.

6. *Few modern organizations* [Astro Teller]: Derek Thompson, "Google X and the Science of Radical Creativity: How the Secretive Silicon Valley Lab Is Trying to Resurrect the Lost Art of Invention." Atlantic, November 13, 2017; Alexandra Wolfe, "Astro Teller, 'Captain of Moonshots': The Head of Alphabet's Research-and-Development Lab X Talks about Encouraging Creativity at Work, Embracing Failure and His Company's Latest Projects." *Wall Street Journal*, November 18, 2016.

7. *That's why when an innovator* [Elon Musk]: Ashlee Vance, *Elon*

Musk: Tesla, SpaceX, and the Quest for a Fantastic Future. Ecco, 2015; Jethro Mullen, "Elon Musk Wants to Fly You Anywhere in the World in Less Than an Hour." CNN Tech, September 29, 2017; Nick Stockton, "Elon Musk Announces His Plan to Colonize Mars and Save Humanity." Wired, September 27, 2016.

8. *We live in a time of incredible audacity*: Greg Satell and Srdja Popovic, "How Protests Become Successful Social Movements." *Harvard Business Review*, January 27, 2017.

9. Th*ink of the Parkland #NeverAgain movement*: Charlotte Alter, "The School Shooting Generation Has Had Enough." *Time*, March 22, 2018; David S. Meyer, "The Parkland Teens Started Something. How Can It Become a Social Movement?" *Washington Post*, April 13, 2018.

10. *After hosting a national*: Joe Vanden Plas, "Jordyn Schara: From Teen Activist to Adult Difference-Maker." *In Business*, October 2015.

11. *If I told you that someone could* [Greyston Bakery]: Jesse Seaver, "Businesses with Impact: The Greyston Foundation and Their Open Hiring Policy." *Huffington Post*, December 6, 2017; "No Résumé? No Problem at This Yonkers Bakery." NPR, May 24, 2015.

12. *"If Chile can do it, you can*" [Michelle Bachelet]: Elizabeth Royte and Michel Greshko, "Chile Adds 10 Million Acres of Parkland in Historic First." nationalgeographic.com, January 29, 2018.

3. 破除成见，挖掘潜力和可能

13. *There is a special photo* [Eunice Kennedy Shriver]: Eileen McNamara, Eunice: The Kennedy Who Changed the World. Simon & Schuster, 2018; Evan Thomas, "The Fierce Rebellion and Compassion of Eunice Shriver." Washington Post, April 13, 2018.

14. *One such athlete*: Lorettta Claiborne, "Let's Talk about Intellectual Disabilities." TEDxMidAtlantic, December 11, 2012; "Timothy Shriver's Greatest Spiritual Teacher." *SuperSoul Sunday*, Oprah Winfrey Network, November 23, 2014; "Aim High and Do Your Best." special olympics.org; lorettaclaiborne.com.

15. *Enric's inspiration for his*: blog/nationalgeographic.org/enricsala.

16. *She took a pair of scissors* [Sara Blakely]: Mary Logan Bikoff, "The Uplifter: How Spanx CEO Sara Blakely Became One of the Most Inspirational Women in Business." *Atlanta*, December 2017.

17. *David and Neil were MBA students*: Michael Fitzgerald, "For Warby Parker, Free Glasses Equals Clear Company Vision." *Entrepreneur*, February 10, 2015; Sean Tennerson, "Spotlight on Social Enterprise: Warby Parker." www.casefoundation.org, February 10, 2015; B. R. J. O'Donnell, "Warby Parker's Co-Founder on Starting a Company from Scratch." *Atlantic*, October 5, 2017.

18. *Attorney* [Bryan Stevenson]: Paul Barrett, "Bryan Stevenson's Death-Defying Acts." *NYU Law Magazine*, 2007.

19. *"There is this burden in America"*: James McWilliams, "Bryan Stevenson on What Well-Meaning White People Need to Know about Race." *Pacific Standard*, February 6, 2018.

4. 先知先觉，成为观察者

20. *Peeking around corners* [Jeff Bezos]: Brad Stone, *The Everything Store: Jeff Bezos and the Age of Amazon*. Little, Brown, 2013; Avery Hartmans, "The Fabulous Life of Amazon CEO Jeff Bezos, the Second-Richest Person in the World." *Business Insider*, May 15, 2017.

21. *One of my favorites is* [Sarah Parcak]: Emily Burnham, "Egyptologist from the Queen City Makes Waves in the Valley of the Kings." *Bangor Daily*

News, October 6, 2011; Abigail Tucker, "Space Archaeologist Sarah Parcak Uses Satellites to Uncover Ancient Egyptian Ruins." *Smithsonian*, December 2016; Sarah Kaplan, "Meet Sarah Parcak, a High-Tech Indiana Jones, Who Just Won $1 Million for Tracking Down Antiquities Looters." *Washington Post*, November 12, 2015.

清单 2：远离舒适区

6. 大部分人都在选择自己擅长的事

22. *I was particularly inspired* [Eliza Scidmore]: Nina Strochlic, "The Woman Who Shaped National Geographic." *National Geographic*, February 2017; Jennifer Pococh, "Beyond the Cherry Trees: The Life and Times of Eliza Scidmore." nationalgeographic.com, March 27, 2012; Michael E. Ruane, "Cherry Blossoms' Champion, Eliza Scidmore, Led a Life of Adventure." *Washington Post*, March 13, 2012.

23. *History is rich with stories* [Sir Ernest Shackleton]: Alasdair McGregor, "Endurance: A Glorious Antarctic Failure." *Australian Geographic*, January 22, 2015; "Shackleton's Voyage of Endurance." NOVA Online/ pbs.org, February 2002.

7. 帮助大脑练习战斗

24. *In the late 1700s, when smallpox* [Dr. Edward Jenner]: The Jenner Institute. www.jenner.ac.uk.

25. *Another great example* [Jane Goodall]: The Jane Goodall Institute. jane goodall.org; Jane [the movie]. National Geographic Studios, Public Road Productions, 2017.

26. *Jonas Salk took a big risk too*: Charlotte DeCroes Jacobs, Jonas Salk: A Life. Oxford University Press, 2015.

27. *In his celebrated book*: Eric Ries, *The Lean Startup: How Today's Entrepreneurs Use Continuous Innovation to Create Radically Successful Businesses.* Currency, 2011.

28. *To make this point*: "The Zappos Family Story." www.zappoinsights.com; Jay Yarow, "The Zappos Founder Just Told Us All Kinds of Crazy Stories—Here's the Surprisingly Candid Interview." *Business Insider*, November 28, 2011.

8. 当好“接盘侠”

29. *A few years ago I read*: Steven Johnson, *How We Got to Now: Six Innovations That Made the Modern World*. Riverhead Books, 2014.

30. *The micro-lending movement* [Jessica Jackley]: Nathan Chan, “How Kiva’s Jessica Jackley Turned a Simple Idea into $1B in Microloans.” foundr, March 22, 2018; also kiva.org.

31. *Microbusinesses aren’t just creating*: Peter W. Roberts and Deonta D. Wortham, “The Macro Benefits of Microbusinesses.” *Stanford Social Innovation Review*, January 16, 2018.

32. *Today, Steve is taking forward* [Rise of the Rest]: Andrew Ross Sorkin, “From Bezos to Walton, Big Investors Back Fund for ‘Flyover’ Startups.” *New York Times*, December 4, 2017; Alex Konrad, “A Bevy of Billionaires Join Steve Case’s $150 Million ‘Rise of the Rest’ Startup Fund.” *Forbes*, December 5, 2017; also Rise of the Rest Seed Fund, www.revolution.com.

33. *For example, Justin Knopf, a young fifth-generation*: Miriam Horn, *Rancher, Farmer, Fisherman*. W. W. Norton & Co., 2017; Miriam Horn, “When Industrial-Scale Farming Is the Sustainable Path.” PBS *NewsHour*, September 6, 2016; “Meet the Unsung Conservation Hero You’re

Overlooking." GreenBiz, August 27, 2016.

9. 为“可能”冒险

34. Psychology Today *published*: Peter Gray, Ph.D., "Risky Play: Why Children Love It and Need It." *Psychology Today*, April 7, 2014.

35. *And yet, as*: Josh Linkner, *The Road to Reinvention: How to Drive Disruption and Accelerate Transformation*. Jossey-Bass, 2014.

36. *Consider the cautionary tale* [Kodak]: Chunka Mui, "How Kodak Failed." *Forbes*, January 18, 2012; Pete Pachal, "How Kodak Squandered Every Single Digital Opportunity It Had." Mashable, January 20, 2012; Jeremy Miller, "Instagram Took the Kodak Moment." www .stickybranding. com, March 29, 2016.

37. *Kodak's opposite would be* [Netflix]: Adam Richardson, "Netflix's Bold Disruptive Innovation." *Harvard Business Review*, September 20, 2011; Adam Hartung, "Can Netflix Double-Pivot to Be a Media Game Changer?" *Forbes*, April 21, 2016; Bill Taylor, "How Coca- Cola, Netflix, and Amazon Learn from Failure." *Harvard Business Review*, November 10, 2017.

38. *Another quintessential pivot story* [Odeo]: Connor Simpson, "The

Incredibly True (and Messy) Origin Story of Twitter." *Atlantic*, October 1, 2013; Nicholas Carlson, "The Real History of Twitter." *Business Insider*, April 13, 2011.

39. *Sony Pictures will long lament*: Ben Fritz, "The 'Black Panther' Movie Deal That Didn't Get Made." *Wall Street Journal*, February 15, 2018.

40. *Disney was smart enough*: Rob Haskell, "Disney CEO Bob Iger on Taking the Biggest Risk of His Career." *Vogue*, April 12, 2018.

10. 行动起来，寻找"勇敢区"

41. *In her book*: Margie Warrell, *Stop Playing Safe: Rethink Risk, Unlock the Power of Courage, Achieve Outstanding Success*. Wrightbooks, 2013.

清单 3：重视失败

11. 建立"安全桌"

42. *With my heart in my throat*: Jean Case, "The Painful Acknowledgment of Coming Up Short." www.casefoundation.org/blog.

43. *It's a process*: Lucy Bernholz, "Failing Forward." Alliance, July 18, 2011.

44. "*The moonshot factory is a messy place*": Astro Teller, "The Unexpectedc Benefit of Celebrating Failure." TED, April 14, 2016.

45. *Louis V. Gerstner Jr., who shepherded*: Louis V. Gerstner Jr., *Who Says Elephants Can't Dance? Leading a Great Enterprise through Dramatic Change*. HarperBusiness, 2002.

46. *Meg Whitman, the only woman*: Jeff Morganteen, "HP's Meg Whitman: One of My 'Big Failures' at eBay." CNBC, April 29, 2014.

12. 失败的教育

47. *In a commencement address*: "Winfrey's Commencement Address." *Harvard Gazette*, May 30, 2013.

48. *Steven Spielberg was often lonely*: Eliza Berman, "Three of Steven Spielberg's Biggest Failures, According to Steven Spielberg." *Time*, October 5, 2017.

49. *Steve experienced his biggest failure*: Walter Isaacson, Steve Jobs.

Simon & Schuster, 2011; Ruth Umoh, "How Overcoming the Fear of Failure Helped Steve Jobs, Tim Ferriss and Bill Gates Succeed." CNBC, August 7, 2017.

50. *Twenty years later*: Steve Jobs, "You've Got to Find What You Love." Stanford University commencement address. *Stanford News*, June 14, 2005.

51. *One of Steve's most profitable*: Maria Popova, "Pixar Cofounder Ed Catmull on Failure and Why Fostering a Fearless Culture Is the Key to Groundbreaking Creative Work." Brainpickings.

52. *Kelly Clark*: Karen Rosen, "Five-Time Olympian Kelly Clark Looks Back on Her Career and Influencing the Next Generation of Snowboarders." www.teamusa.org, February 14, 2018; Jean Case, "What to Look for During the Olympics." www.casefoundation.org/blog, February 5, 2018.

53. Richard *Branson's failures*: Alp Mimaroglu, "What Richard Branson Learned from His Seven Biggest Failures." Entrepreneur, July 18, 2017.

13. "被剥夺"的力量

54. *At her lowest*: J. K. Rowling, "The Fringe Benefits of Failure, and

the Importance of Imagination." Harvard University commencement address. *Harvard Gazette*, June 5, 2008.

55. *In 2016, Rowling posted*: Anjelica Oswald, "Even Rockstar Author J. K. Rowling Has Received Letters of Rejection." *Business Insider*, July 29, 2016.

56. *When eleven-year-old Salva Dut's village*: Linda Sue Park, *A Long Walk to Water: Based on a True Story*. Clarion Books, 2010; Salva Dut, "I Kept Walking." TEDxYouth@Beacon St., December 21, 2016; also waterforsudan.org.

57. "*You have an eighteen-year-old boy*": Jake Wood, "A New Mission for Veterans—Disaster Relief." TEDxSanDiego, December 2011; also https// teamrubiconusa.org.

58. "*I embrace my past*" [Darren Walker]: Jonathan Capehart, "Darren Walker: Using Privilege to Fight Privilege." *Washington Post*, August 30, 2016.

14. 立足长远的智慧

59. *The Gates Foundation announced*: Bill and Melinda Gates

Foundation, www.gatesfoundation.org.

60. *In the midst of the celebration*: Adam Kilgore, " 'It's Never Easy,' but Ted Leonsis Delivered D.C. a Title and a Team to Take Pride In." *Washington Post*, June 10, 2018.

61. *Before you label someone* [Milton S. Hershey]: Hershey Community Archives, hersheyarchives.org.

62. "*On the road to great achievement*": Malcolm Gladwell, "Late Bloomers: Why Do We Equate Genius with Precocity?" *New Yorker*, October 20, 2008.

63. *Warren Buffett is an extraordinarily successful*: https://buffett.cnbc.com/video/2018/03/25/buffett-on-the-dumbest-stock-I-ever-bought.html.

清单 4：开门造车

16. 主动寻找差异

64. *In 2017, my friend*: Ross Baird, *The Innovation Blind Spot: Why We Back the Wrong Ideas—and What to Do About It*. BenBella Books, 2017.

65. *His book seems in many respects*: Adam Grant, *Originals: How Non-Conformists Move the World*. Viking, 2016; Steve Case, *The Third Wave: An Entrepreneur's Vision of the Future*. Simon & Schuster, 2016.

66. *The former steel town*: Jean Case, "Getting in the Arena: Good Ideas and Innovations Often Come from Unexpected Places." www.casefoundation.org/blog, April 27, 2017.

67. *Pittsburgh innovator range*: Note that Jean and Steve Case are investors in SolePower.

17. 伟大的组织要靠团队协作

68. *And research supports this*: Vivian Hunt, Dennis Layton, and Sara Prince, *Diversity Matters*. McKinsey & Company, February 2, 2015, https://assets.mckinsey.com/~/media/857F440109AA4D13A54D9C 496D86ED58.ashx.

69. *This same enterprise model*: Laura Parker, "National Geographic and 21st Century Fox Expand Media Partnership." nationalgeographic.com, September 9, 2015.

70. *Consider the unlikely partnership* [NASA/LEGO]: Matt Blum,

"Lego and NASA Build a Partnership for Education." *Wired*, November 14, 2014.

71. *Earlier I described* [Airbnb/KLM]: Ben Mutzabaugh, "KLM MD-11 Listed as 'Spacious Airline Apartment' on Airbnb." *USA Today*, November 14, 2014.

72. *Another great example* [impact investing]: Paul Sullivan, "How to Invest with a Conscience (and Still Make Money)." *New York Times*, March 16, 2018; Elizabeth MacBride, "Jean Case Calls On Wall Street to Embrace Impact Investing." cnbc.com, May 17, 2018; Ryan Derousseau, "How Impact Investing Can Put a Profitable Spin on Charity." Fortune, December 13, 2017; Jean Case, "New Year's Resolution: Invest with an Eye on Impact." www.casefoundation.org/blog, December 27, 2017; Jean Case, "Bringing the Last Decade of Impact Investing to Life: An Interactive Timeline." www.casefoundation.org/blog, November 17, 2017.

73. *One of my favorite examples* [Jill Andrews]: Jessica Contrera, "How the Fight against Ebola Came to New York Fashion Week." *Washington Post*, February 15, 2015; Anne Quito, "A Wedding Gown Designer Gave the Ebola Hazmat Suit a Makeover." Quartz, February 19, 2015.

74. *Melinda Gates affirmed this*: "What Nonprofits Can Learn from

Coca-Cola." TED, September 2010.

75. *One of the most meaningful*: Harold Varmus, "Making PEPFAR: A Triumph of Medical Diplomacy." *Science & Diplomacy*, December 1, 2013; Myra Sessions, "Overview of the President's Emergency Plan for AIDS Relief (PEPFAR)." Center for Global Development, https://www .cgdev.org/page/overview-president%E2%80%99s-emergency-planaids-relief-pepfar.

76. *In an interview, Bono*: Sheryl Gay Stolberg, "The World: A Calling to Heal; Getting Religion on AIDS." *New York Times*, February 2, 2003.

18. 发现多样性

77. *I love Lin-Manuel Miranda's Hamilton*: Spencer Kornhaber, "Hamilton: Casting After Colorblindness." *Atlantic*, March 31, 2016; Rob Weinert-Kendt, "Rapping a Revolution." *New York Times*, February 5, 2015.

78. *In creating Hamilton*: Ron Chernow, *Alexander Hamilton*. Penguin Press, 2004.

79. *When they expanded*: Vivian Hunt, Sara Prince, Sundiatu Dixon-Fyle, and Lareina Yee, *Delivering Through Diversity*. McKinsey & Company, January 2018, https://www.mckinsey.com/~/media/mckinsey /business%20

functions/organization/our%20insights/delivering%20 through%20diversity/delivering-through-diversity_full-report.ashx.

80. *When Deloitte reported*: Juliet Bourke, Stacia Garr, Addie van Berkel, Jungle Wong, "Diversity and Inclusion: The Reality Gap." Deloitte Insights, February 28, 2017.

81. *And in 2018, Forbes published*: Jeff Kauflin, "America's Best Employers for Diversity." *Forbes*, January 23, 2018.

82. *The numbers are stark*: Pat Wechsler, "Women-Led Companies Perform Three Times Better Than the S&P 500." *Fortune*, March 3, 2015; Jena McGregor, "Why It's Smart to Invest in Women-Led Companies." *Washington Post*, August 2, 2017.

83. *She tells a story*: Mellody Hobson, "Color Blind or Color Brave?" TED, March 2014.

84. *The great conductor*: Claudia Goldin and Cecilia Rouse, "Orchestrating Impartiality: The Impact of 'Blind' Auditions on Female Musicians." National Bureau of Economic Research, January 1997.

85. *When I came across the story*: Dame Stephanie Shirley, "Why Do

Ambitious Women Have Flat Heads?" TED, March 2015.

86. *Another one of my favorite* [Vernice Armour]: "Black Female Pilot Breaks Racial, Gender Barriers." NPR, May 27, 2011.

87. *In 2016, I was invited* [Barbara Hackman Franklin]: Jean Case, "One Fearless Question That Paved the Way for Women in Government." www.casefoundation.org/blog, March 8, 2016.

19. 谁是最重要的盟友

88. *Take a lesson from Liberia* [Last Mile Health]: Claudia Dreifus, "Dr. Raj Panjabi Goes the Last Mile in Liberia." *New York Times*, July 31, 2017.

89. *John Doerr, in telling the story*: John Doerr, *Measure What Matters: How Google, Bono, and the Gates Foundation Rock the World with OKRs*. Portfolio, 2018.

90. *In late 2004, after an earthquake*: Bob Woodruff, "People of the Year: Bill Clinton and George H. W. Bush." *ABC World News Tonight*, December 27, 2005.

20. 行动起来，开门造车……日行不辍

91. *And as Stephen R. Covey recommends*: Stephen R. Covey, *The 7 Habits of Highly Effective People: Powerful Lessons in Personal Change*. Simon & Schuster, 2013.

清单 5：让紧迫感战胜恐惧

21. 紧迫行动

92. *One of the iconic stories*: Jennifer Latson, "How Poisoned Tylenol Became a Crisis-Management Teaching Model." time.com, September 29, 2014; Judith Rehak, "Tylenol Made a Hero of Johnson & Johnson." *International Herald Tribune*, March 23, 2002.

93. *In his book*: Steve Case, *The Third Wave: An Entrepreneur's Vision of the Future*. Simon & Schuster, 2016.

94. *Corrie ten Boom was an unmarried*: Corrie ten Boom, *The Hiding Place: The Triumphant Story of Corrie ten Boom. Barbour Books*, 2000; www.corrietenboom.com.

22. 第一时间做出反应

95. *Walmart has often been criticized*: Michael Barbaro and Justin Gillis, "Wal-Mart at Forefront of Hurricane Relief." *Washington Post*, September 6, 2005.

96. *After the storm*: Lee Scott, "Twenty First Century Leadership." corporate.walmart.com, October 23, 2005.

97. *José Andrés calls himself*: Maura Judkis, "José Andrés on the Moment That Changed the Way He Thought about Charity." *Washington Post*, March 12, 2018; Jean Case, "Finding Light in the Darkness." www.casefoundation.org/blog, January 10, 2018.

98. *Paul Rieckhoff never planned*: Paul Rieckhoff, Chasing Ghosts: Failure and Façades in Iraq: A Soldier's Perspective. NAL Hardcover, 2006.

23. "大脑黑客"行动

99. *In her book*: Mel Robbins, *The 5 Second Rule: Transform Your Life, Work, and Confidence with Everyday Courage*. Savio Republic, 2017.

100. *In their book*: Ryan Babineaux and John Krumboltz, *Fail Fast, Fail*

Often: How Losing Can Help You Win. TarcherPerigee, 2013.

101. *But as Geithner notes*: Timothy F. Geithner, *Stress Test: Reflections on Financial Crises*. Crown, 2014.

102. *President Obama announced*: My Brother's Keeper [MBK] Alliance. The Obama Foundation, obama.org/mbka/.

103. *In 1954, Bertha and Harry Holt*: Holt International, holtinternational.org.

104. *Marta Gabre-Tsadick has spent*: Project Mercy/Marta's Story. www.projectmercy.org; Marta Gabre-Tsadick, *Sheltered by the King*. Chosen Books, 1983.

105. *"It is not the critic who counts":* Theodore Roosevelt, "Citizenship in a Republic." Speech delivered at the Sorbonne in Paris, France, April 23, 1910, http:// www.theodore-roosevelt.com/images/research/speeches/maninthearena.pdf.

106. *Noted professor, author, and speaker*: Brené Brown, *Daring Greatly: How the Courage to Be Vulnerable Transforms the Way We Live, Love, Parent, and Lead*. Avery, 2012.

24. 行动起来，成为“那个人”

107. *"We are what we choose":* "Remarks by Jeff Bezos, as Delivered to the Class of 2010, Baccalaureate." Princeton University, May 30, 2010.

108. *In his book*: Tom Peters, *The Excellence Dividend: Meeting the Tech Tide with Work That Wows and Jobs That Last*. Vintage, 2018.

109. *As John Kotter of Harvard Business School*: Paul Michelman with John Kotter, "The Importance of Urgency." Harvard Business Ideacast, August 2008.